証言
「プロレス」死の真相

アントニオ猪木+前田日明+川田利明+丸藤正道ほか

河出書房新社

証言「プロレス」死の真相

はじめに

昔、プロレスラーは怪物幻想が大きな魅力だった。圧倒的存在感、際立つ身体表現、問答無用な圧力。とくに外国人レスラーにはそれがあった。怖い、ヤバい、ビビった。だからレスラーの最期は人知れず消えていく。フェイドアウトしていくのが理想だった。異形の人に死は似合わない。見せてはいけない。それが怪物たちの宿命。大原則。

しかしSNS全盛時代、あらゆる情報は即座に世界に発信される。そのため、我々プロレスファンは仕方なくレスラーの死と向かい合う形になってしまった。その現実はあまりにも切なすぎる。怪物も人の子だったのかという思い。耐えられない。あのビッグバン・ベイダーが、となるのだ。まさかダイナマイト・キッドまで。認めたくない。信じたくない。やっぱり男の行き着く先は野垂死になのか。

橋本真也と三沢光晴は若過ぎた。馬場さんには2つの口癖があった。「プロレス団体の社長にだけはなるもんじゃない」。もう1つは「歳だけは取りたくないよな」。常に冷静でシビアな目を持っていた馬場さんは死に対しても敏感な人だった。ハッキリ言って恐れていた。大木金太郎は晩年、「あの世が俺を引っ張り込もうとするんだよな」と言っていた。

華やかなリング。その熱狂、声援、興奮。一度でもそれを経験したレスラーにとって死は非情の掟だ。絶望でしかない。生き方ならいくらでもある。すべては可能。だが死に方はどうしようもない。誰も避けて通れない絶対的不条理。結局、人間は生まれた、生きた、死んだ、しかないのか。

問題は生き残った者がなにを受け継いでいくのか。死という事実を見つめることよりも死者のメッセージを感じる感性。それを語れる者は幸せだ。それが猪木にとっての力道山であり、前田日明にとっての山本小鉄だった。その瞬間、力道山は猪木の中で、山本小鉄は前田の中で蘇ることになるのだ。

死者から生者への目に見えないメッセージの伝達。これほど美しい関係はない。死者が他者の中で復活。生き返る。ただそれは死者にとっては及びもつかないこと。だからいいのだ。プロレスラーほど死してなおプロレスファンの記憶の中で生きている人たちはいない。その意味でもプロレスは比類なきジャンルだ。

怪物たちをこよなく愛してきたプロレスファン。君たちにこの本を捧げることを、私は自信を持って誇りに思う。

ターザン山本

目次

装丁&本文デザイン&DTP／武中祐紀
編集／片山恵悟
写真／山内猛、産経新聞社

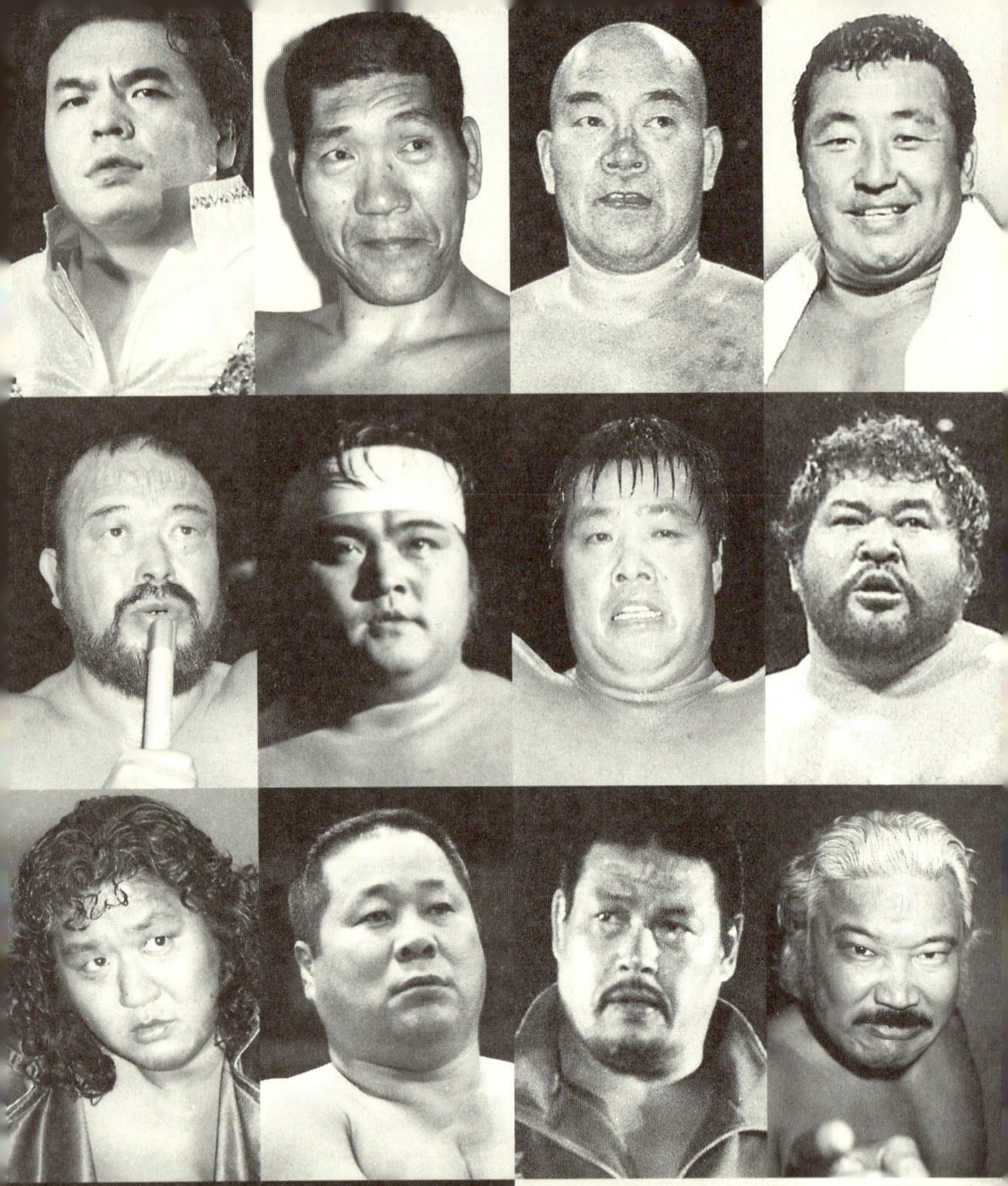

力道山　山本小鉄
ジャイアント馬場　三沢光晴
マサ斎藤　ジャンボ鶴田
橋本真也　ラッシャー木村
上田馬之助　阿修羅・原
永源遙　冬木弘道
ブルーザー・ブロディ
ザ・デストロイヤー

アントニオ猪木　前田日明
和田京平　丸藤正道
斎藤倫子　川田利明
関係者X　黒田哲広
百田光雄　トシ倉森
小佐野景浩　柴田惣一
金村キンタロー　斎藤文彦
東田時雄

力道山

力道山　りきどうざん■1924年、朝鮮・咸鏡南道生まれ。日本本土へ渡り、二所ノ関部屋に入門。49年5月場所で関脇に昇進するも翌年廃業。53年、日本プロレスを設立。テレビ放送の影響もあり、全国的なプロレスブームを起こし、国民的ヒーローに。54年には日本柔道史上最強とされた木村政彦との「昭和の巌流島」の一戦を制す。63年12月、赤坂のナイトクラブ「ニューラテンクォーター」で暴力団・住吉一家（現・住吉会）系組員だった村田勝志とケンカとなり、登山ナイフで腹部を刺され入院。一度は回復に向かうも、12月15日、化膿性腹膜炎で死去。享年39。

証言 アントニオ猪木

「非常識で生き抜いた親父に出会って、俺の人生は変わった」

アントニオ猪木　あんとにお・いのき●1943年、神奈川県生まれ。60年に力道山にスカウトされ日本プロレスに入門。71年、日プロを追放され、翌72年に新日本プロレスを旗揚げ。「燃える闘魂」と称され力道山亡きあと再びプロレス黄金時代を築く。98年、引退。現在は参議院議員（2期目）を務め、国民民主党会派に入会。

取材・文●ジャン斉藤／撮影●吉場正和

1924年（大正12年）、日本統治時代の朝鮮（現・北朝鮮）で生まれた力道山こと百田光浩は、1940年（昭和15年）に大相撲の二所ノ関部屋に入門するが、1950年（昭和25年）に廃業し、プロレスに転向。テレビ放送普及の後押しを受け、日本に空前のプロレスブームを巻き起こした。プロレスで得た名声と資金を元に実業家としても成功を収めたが、1963年（昭和38年）12月15日、暴力団員にナイフで刺された傷が原因で死去した。享年39。

「日本のプロレスの父」であり、戦後日本の復興の象徴だった力道山突然の死——直弟子にして当時付き人だったアントニオ猪木はどう見届けたのか。

1960年（昭和35年）3月上旬——2度目のブラジル遠征中だった力道山は、サンパウロ在住の日本人実業家から、市内の青果市場で働いていた17歳の猪木少年を紹介される。

「みなさんご存じだと思いますが、俺の一族は日本からブラジルに移住しまして、俺が17歳の時に遠征中の親父（力道山）に見出されましたね。日本に帰国してプロレスをやることになったわけです。

日本への出発前にサンパウロのコンゴニアス空港で記者会見をやったんですけどね、親父は日系人が多いブラジルでも大スターでしたから、記者もたくさん集まって。その時に親父のインタビューを隣で聞いていて、強烈に印象に残ってる言葉があって。『コイツを3年でみなさんの前にお返しします』と。あの言葉がすごくプレッシャーになってますね。ああ、俺は3年でモノにならなきゃいけないのか、と。親父は葉巻をよく吸ってました。とにかく大きく見えた。恰幅もよかったですからね」

猪木のブラジル移民生活は3年でピリオドが打たれ、プロレスラーを目指して日本へ帰国することになる。力道山との出会いから、わずか1週間で猪木は機中の人となっていた。

「東京までの直行便なんてものはありませんでしたから、まずサンパウロからリオ（・デ・ジャネイロ）に出て。昔のファーストクラスっていうのは席が後ろにちょこんと倒れる程度のものでね、リオまでは俺もファーストクラスだったんですよ。

リオからニューヨークに行くんですが、プロペラ機ですからカリブ海かどこかの島で給油しなきゃいけない。タラップを降りると、カリブ海の生温かい風を浴びたことを覚えてます。ニューヨークからロサンゼルスに入った時は親父はファーストクラスで、俺は後ろのほうの席だったんですけど、機内からグランドキャニオンを初めて見たんです。子供の頃は地理が好きだったので、あの壮大な景色にはすごく興奮しましたね。

ロスで親父はヒルトンホテルに泊まって、俺たちは日本人街の安宿です。スプリングがむき出しになっているようなベッドで何日か寝泊まりして、そこからハワイに飛んで4～5日過ごしました。ハワイには親父の知り合いがたくさんいて、そういった席に一緒に出ることはなかったですが、現地のフグ料理屋に連れていかれましたね。日本にあるようなフグ料理ではないんだけど、フグ鍋を出してくれて。ブラジルから日本までの道中、親父と会話という会話はしてないんですよ。俺のほうから話しかけるわけにもいかないですしね」

特別扱いの馬場への嫉妬は、なかった

1960年（昭和35年）4月10日、猪木は3年ぶりに日本の地に降り立った。プロペラ機が羽田空港に到着すると、スチュワーデスたちは着物に着替えてお見送りのおもてなしを施し、空港には何百人ものファンが英雄・力道山の帰国を出迎えた。猪木がブラジルに向かった時とは違う日本の景色がそこには見えた。

3年前の1957年（昭和32年）2月3日、みぞれが降りしきり、5色のテープが舞う横浜港から、猪木ら500人の移民を乗せた「さんとす丸」はブラジルに向けて出航していた。その航海途中、猪木は祖父を亡くし、亡骸はカリブ海に海葬された。猪木たちが夢を見た新天地ブラジルで待っていたのは奴隷同然の生活だった。耐えきれず夜逃げした日本人移民の家族が銃殺されたこともあったという。そんな過酷な生活を耐え忍んでいた猪木が、日本を太陽のように照らす力道山とともに帰国の途に着いたのだ。

「まさか3年で日本に戻ってくると思いませんでしたからね。もう二度と日本の土は踏めないんじゃないかって。ブラジルでは電気やガスも通ってなく、便所もないような場所で暮らして。コーヒー農園で朝から晩まで泥だらけ、手は血まみれになりながら働いていたのに、高度経済成長で沸く日本にいきなり戻って来たわけですから。

親父の帰国をたくさんの人たちが出迎えていたことは、いま振り返れば、あの光景は大変なことなんだけど、俺の頭はプロレスのほうに向かってましたから。

俺は親父の家に下宿することになりました。その頃、親父の家は大田区の馬込にあって、１０００坪もの広さがあったんです。部屋は地下室で、半分は駐車場にもなってる場所に住み込みです。もう一人若いのが住んでましたが、そのうちいなくなりました。

翌日、親父のオープンカーに乗っけられて人形町にあった道場に連れて行かれたんです。道場でビックリしたのは、みんな体が大きいことなんですよ。ジャイアント馬場、マンモス鈴木、大木金太郎。それまでブラジルでは俺より大きい日本人なんて見かけなかったんですよね。道場でスクワット５００回やらされて、その日はまだいいんですけど、翌朝は足が痛くて這いつくばらなきゃいけなくて」

後年まで「宿命のライバル」と比較され続けたジャイアント馬場との出会い。馬場は入門当初からエリート扱いで、同期入門の猪木とは待遇に明確な格差があったと言われている。

「だからってとくに嫉妬なんかはしないわけですよ。あとになって扱いに差があった、なんてみんな言うんですけど、俺は17歳だったじゃないですか。大木さんとは10歳ぐらい違うし、馬場さんは5歳上。10代後半の5歳といったらだいぶ違いますからね。それに向こうはプロ野球という世界からやって来たスターですからね。そこは親父が気をつかったんじゃないですか」

異常な暴力行為も常識だった付き人時代

猪木は力道山の家に住み込み、力道山の付き人として雑用をこなしながら、プロレスラーを目指す生活を送ることになる。

「親父の身の回りの世話は、田中米太郎さん（元相撲取り、プロレスラー）が主にやっていて、俺の仕事は洗濯でした。親父が試合で穿く黒タイツを乾かさなきゃいけないのが大変でね、いまみたいに電化製品が揃ってるわけじゃないからストーブを焚いて乾かして。付き人だったとしても、親父とは会話はないですね。なにか命令されることがあっても、非常に困ったことが多いんですよ。当時は道路整備の工事がアチコチでやっていて、工事現場にぶつかるとなかなか車が前に進まない。そんな時は親父が『どかしてこい！』と俺に命令してくるんですが、スコップを持った人夫たちだって引き下がりません。ケンカみたいになるのは本当に嫌でね。

ある日はこうです。五反田の踏切っていうのは、開かずの踏切って呼ばれてたね。一度閉まっちゃうと、しばらく開かないんですよ。そうすると車がそれほど走ってない時代とはいえ、車の列が500メートルぐらい並んでしまう。そこに葉巻をくわえた親父がオープンカーでやって来る。親父は踏切の向こう側に車が止まってないことを確認すると、そのまま踏切を突っ切ろうとするんですよ。おまわりがピーピーピーっと笛を吹いて警告するんですけど、おかまいなしで突っ込むから、仕方なく遮断機が上げられてね。

当時は親父の周りで事件は山ほど起きていました。ただ、誰も書く人はいなかったからそんなに表沙汰にならなかっただけで。酒を飲めば暴れるし、飲まなくたって俺は殴られましたから。

力道山という人間を一言で表すならば、非常識です。いまの世の中では非常識なことが当時は常識としてまかり通っていたわけです」

猪木に対する力道山の暴力は凄惨を極めた。ある時は理由なくゴルフクラブで頭をおもいきり殴られ、火のついた葉巻を体に押し付けられた。公衆の面前で靴ベラで顔を叩かれた時は、さすがに頬を悔し涙が伝った。

「親父にはよく殴られたことにしても、俺はそれが常識だと思ってたんですよ。だって比較するものがないわけだし、いきなりブラジルから、きらびやかな興行の世界に入って。そこにあるものや、言われることが当たり前で、常識だと思ってるから。長崎でやった宴会なんて、フグ１０0人前が用意されるんですよ。10人前じゃないです、１００人前。親父は車がない時代にベンツを何台も持っていたり、いったいどこでどういうふうにお金が入ってくるのかもわからないんですけどね。とにかくスケールが大きかったんです。

当時の政界の大物もよく親父に会いに来てましたし、興行なんかはその土地の顔役がやってますから、試合後に顔役が用意した宴会に親父は出なきゃいけない。大広間の上座に親父が座って、俺たちは末席のほうで顔役たちの相手をするんですけど、力道山は俺たちに余興として一升瓶のラッパ飲みをさせるんです。途中で飲みきれなかったら灰皿でブン殴るぞと。異常な暴力行為を披露することで、顔役に対して威嚇する意味もあったわけですよね。こっちは飲めるかどうかなんて考えてる暇はないんです。やるしかないんですよ。人間の極限に挑戦するのが当時の常識だったんです。

そういう世界で若い頃から物事を見ちゃってますからね、世間の常識っていうのはあまりにも小さく見える。力道山の前では、非常識のすべてが常識としてまかり通ってしまう。

非常識な世界にいると、自分の身に降りかかる暴力はなにもおかしくないんだ……って思っちゃうわけですよ。ひょっとしたら洗脳とはこういうことなのかなと。人間って慣らされてしまえば反抗しないわけですが、やっぱり19歳の頃になると反抗期が訪れるんです」

運命を変えた力道山との〝最後の会話〟

力道山が亡くなる直前、猪木は道場でスパーリングをする機会があったが、簡単に力道山のバックを取れてしまったことで、英雄の衰えを感じたという。力道山の年齢は30代後半、当時のスポーツ界の常識でいえば、一線を引いていても不思議ではなかった。

「プロレスラーとしても経験を積んでいってますから、自分なりの自我が芽生えてくるわけですね。親父はなぜ怒るんだろうか、なぜ殴るんだろうか……っていう疑念を抑えきれなくなるんですよ。殴られたりするのはまあどうでもいいんですよ。でもその理由がわからない。あまりにも仕打ちが理不尽なので、包丁で刺し殺してやろうか……と思いたったこともありましたからね。

一度プロレスをやめようとしたこともあります。その時は豊登さんに止められまして、もうちょっと頑張ってみろと。豊登さんにはかわいがってもらったんですけど、まあ博打好きでね。のちに豊登さんと団体を立ち上げることになって（66年に旗揚げした東京プロレス）、俺も財産を失なってしまったんですけどね（笑）。誰にどう出会ったかによって人生がどう変わるのか。そういう意味でいえば、力道山との出会いはとても大きいんですが、俺のその後の人生を決定づける運命の日が訪れるんです」

1963年（昭和38年）12月8日の昼下がり——猪木は力道山が住むリキマンションの下にあった合宿所で1人電話番をしていた。前日の浜松で地方巡業が終わったこともあり、昼間の合宿所に猪木以外は人っ子一人いなかった。

「合宿所の入り口に電話があったんですが、マンションの部屋にいる親父から『若い衆はいるか？』と電話があったんです。『自分だけです』と答えると『部屋に上がってこい』と。

親父の部屋に駆けつけると、親父は高砂親方（元横綱の前田山）と2人で昼間から酒を飲んでいました。当時最高級の酒だったジョニ黒の瓶がテーブルの上にいくつも転がっていて。グラスにジョニ黒がなみなみと注がれて、お前も飲めと。それまで親父の部屋には何回か入ったことがあるんですけど、酒を飲まされる機会は初めてで。

親父の言われるがままに、駆けつけ三杯をあおった時でした。高砂親方が『リキさん、コイツはいい顔をしてるね？』と向けると、親父がにっこりと頷きながら『そうだろ？』と――。あの一言に、俺は救われました。あの誇らしげな親父の表情にも。

その頃の俺は反抗期でしたし、外国人レスラーがいろいろな情報をくれるわけです。いまの生活を捨てて、アメリカに渡って1人で生きていこうかなと思っていたんですよ。

親父に評価されているのかどうかもわからない。褒められたことは一度もない。『バカヤロー！』と怒鳴られ殴られたことしかなかった。名前で呼ばれたことなんて一度もなかったんです。きつい言葉でいえば『乞食野郎！』と罵られてきたわけですからね。その親父が……。あの一言で胸のつかえがスッと取れたんです。

人の運命というものは偶然というか必然というか、あの時ほかの誰かが合宿所にいたら、もし俺が外に遊びに行っていたら……親父のあの言葉は聞けなかったのかもしれません。そして、あの『そうだろ？』が俺にとって、親父と〝最後の会話〟になったんです」

力道山の解剖に立ち会った

その日の晩、力道山は赤坂のナイトクラブ「ニューラテンクォーター」内で暴力団員と足を踏んだ、踏まないから口論となり、もみ合いの末、ナイフで腹部を刺された。

「俺はあの夜、青山のボーリング場で遊んでいたんですよ。一緒にいたのは若三杉というよくかわいがってもらっていた関脇でした。ボーリング場から合宿所まではタクシーで10分ぐらい。ボーリングを終えて帰ろうとすると、合宿所に上がる坂が警察によって封鎖されてたんです。なんだなんだって聞いても警察は答えてくれない。仕方なくタクシーを降りて合宿所まで歩いたら先輩たちが大騒ぎしてて。なかには日本刀を持ち出して興奮している先輩もいました。あとから聞く話が多くて、なにが起きてるかわからなかったんです」

事件直後のリキマンション周辺には、力道山のボディガード役だった暴力団の組員たちと、刺傷した側の暴力団の組員が事件をめぐって睨み合いを続けるという緊迫状態に陥っていた。幸いにも軽傷で済んだ力道山は、犯人が所属する暴力団の親分から直接謝罪を受けたことで騒動は収まったが、力道山が病院に向かったのは明け方の4時頃だった。応急処置が済まされていたとはいえナイフで刺されてから6時間近くが経過していた。

「山王病院に入院したんですが、あそこは本来は産婦人科なんですよね。入院する病院が違うんじゃないかという話もあって。手術は無事に済んで、俺も1週間近く山王病院に通いましてね。親父がベッドの上で暴れないように足を抑えつけてないといけないんです。暴れちゃうと縫った傷口がまた開いてしまいますから。まさか親父をベッドに縛るわけにもいかないですからね」

手術が成功したはずの力道山が急死した理由には、腹膜炎で水分厳禁だったのにサイダーや寿司などを暴飲暴食したからだ……とまことしやかに語られている。力道山夫人・田中敬子はその著書でそのような事実はなく「退院したらビールを飲みたい」という言葉が余計な誤解を招いたのではないかと綴っていたが、猪木もまたその噂を否定した。

「そんなことはしてなかったと思いますね。親父の容態は日に日によくなっていましたから。だから死んだことは本当にビックリしたんですが……あれは亡くなる当日ですね。一緒に病院に通っていた平井選手（ミツ・ヒライ）に『もしかしたら、こういう人って死ぬときは早いんだよなぁ』って言ったんです。彼がどう反応したかは覚えてないですけど、人間っていうのは頑丈であればあるほど、どこかに弱さがあるもんじゃないですか。その晩、親父は亡くなってしまったんです。低血糖な人だったんですが、血圧を上げる薬がその病院になかったんですよ。別の外科病院に薬を取りに行ってる間に亡くなってしまって」

１９６３年（昭和38年）12月15日、力道山は2度目の腹膜炎の手術を無事に終えたが、その夜に容態は急変。21時50分頃、帰らぬ人となった。

「亡くなった時、俺は病室とは別の部屋にいたはずですね。その後、親父は慶応病院に運ばれて解剖されたんですが、俺はその現場に立ち会ってますからね。解剖室には入ってないんですけど、当時の病院は古くて、俺は背が高いから部屋の上窓から解剖してるところが見えちゃうんですよ。親父の体が切られているところをね……。その晩がお通夜だったのかな。大騒ぎでしたね。

20歳になれば大人なんだけど、俺たちはまだ世間を知らないわけですよ。財産とか組織に関しては無頓着で。親父が死んで悲しみに暮れている一方では、今後に関する争いも起きていたわけですからね。イヤな世界を見たというか。死んだばかりだというのに、そんな揉め事が起きてしまう理由もわかります。多くの人間が、力道山が亡くなったと聞いて、もうプロレスがなくなると思ったんじゃないですか。力道山がいないプロレスは、もう終わりだと。

世間をよく知らなかった俺ですが、あの時、1つだけ思ったことは、プロレスはなくならない、ということです。なんで？って言われてもわからないんですけど、そう思ったんです」

怒り、怨念こそが力道山のエネルギー

力道山がつくりあげたプロレスは、力道山が不慮の死を遂げても消えることはなかった。力道山の弟子たちがプロレスの灯を絶やすことはせず、猪木はプロレスというジャンルを超えた挑戦や世間を振り向かせる試みを繰り返すことで、現代のプロレスや格闘技の礎《いしずえ》を築くことになった。その原点は力道山の魂から始まっている。

「戦後のスーパーヒーローは何人も生まれたと思いますけど、力道山という存在はそんな比じゃないというね。

非常識で生き抜いたあの価値観がいいか悪いかを別にして、俺は親父に出会ってなければ違った人生を送っていたんでしょう。興行とはなにか？――を親父から教わったわけではないんですけど、興行にとって必要な絶対的な派手さ、パフォーマンスのうまさ。池に石を投げてポチャ

ンと沈んでしまうのか、それとも大きな波紋を起こしてどんどん広がっていくのか。親父のあの生き方から、そういうメッセージを受け取りました。

もちろん力道山本人がどう思っていたのかはわかりません。でも、多くの国民はリングで闘う力道山の姿や、あの空手チョップから元気をもらっていたわけです。再び立ち上がっていく自分たちと重なり合わせてね。

では、あの力道山のエネルギーとはなんだったんだろう？　と。相撲時代には、その出自から差別を受けたことで髷を切って廃業したという話があり、そうやって虐《しいた》げられてきたなか、思いもよらない形で戦後日本のスーパースターになってしまった。親父も非常識、矛盾のなかで生きてきたんです。その怒り、怨念こそが親父のエネルギーだったんでしょう」

戦後日本の復興の象徴だった力道山は、同時に戦後の日本社会に潜んでいた差別や混沌の顔を合わせ持っていた。その力道山の表と裏の顔から発せられた、ほとばしる熱を受け止めていた猪木も一度は祖国をあきらめ、再び祖国に夢を見るという因果な運命を抱えていた。

「俺が現役の晩年に、親父の祖国・北朝鮮で『平和の祭典』（95年4月）を開き、リングに上がって試合をしたのは、親父との〝最後の会話〟があったからですよ。親父には望郷の念があったんだと思いますが、あの当時は叶わなかった。いま思えば、あの『そうだろ？』の一言と満面の笑みは、親父が残した遺言状みたいなものだったんです」

山本小鉄

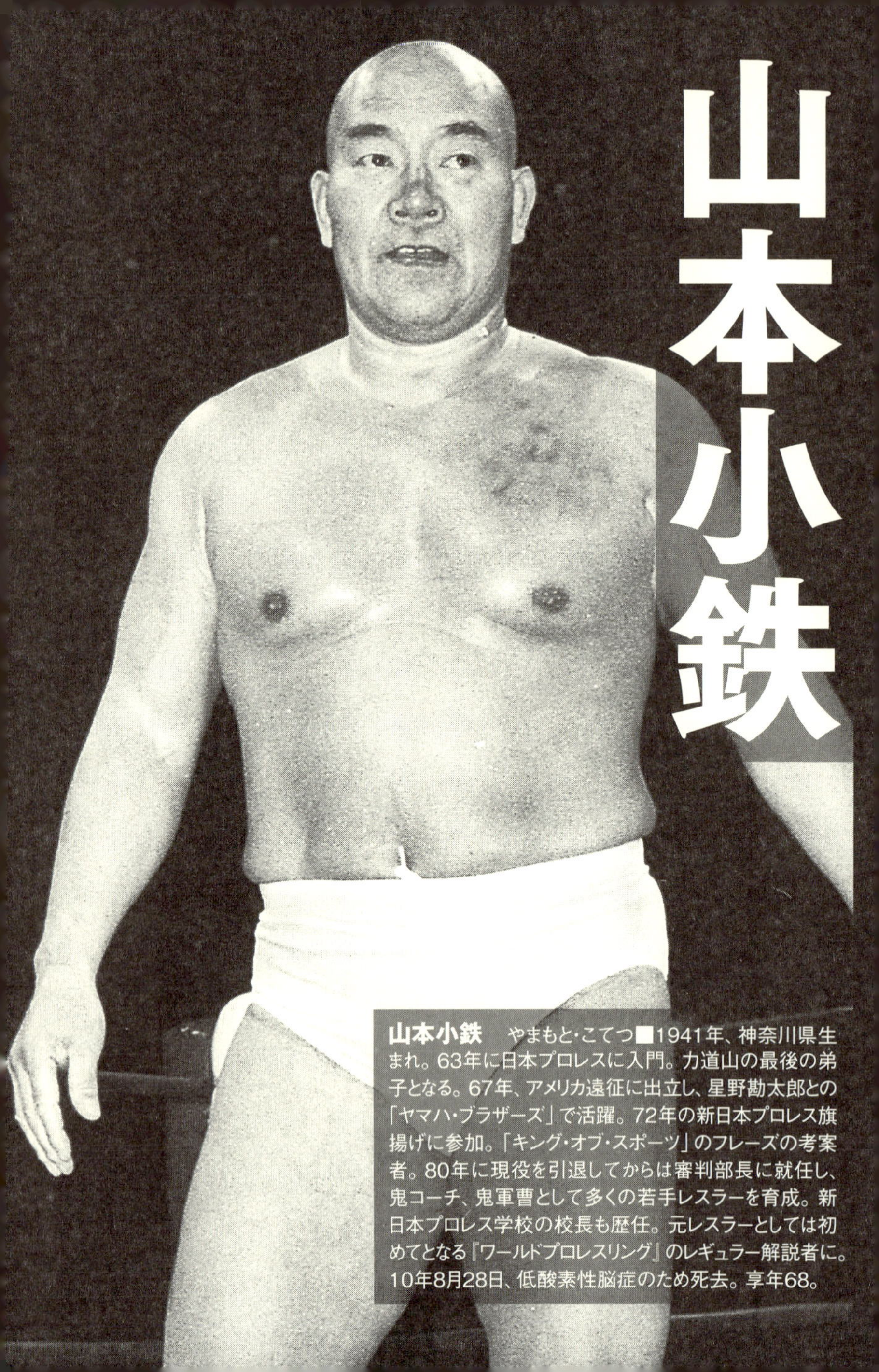

山本小鉄　やまもと・こてつ■1941年、神奈川県生まれ。63年に日本プロレスに入門。力道山の最後の弟子となる。67年、アメリカ遠征に出立し、星野勘太郎との「ヤマハ・ブラザーズ」で活躍。72年の新日本プロレス旗揚げに参加。「キング・オブ・スポーツ」のフレーズの考案者。80年に現役を引退してからは審判部長に就任し、鬼コーチ、鬼軍曹として多くの若手レスラーを育成。新日本プロレス学校の校長も歴任。元レスラーとしては初めてとなる『ワールドプロレスリング』のレギュラー解説者に。10年8月28日、低酸素性脳症のため死去。享年68。

証言 前田日明

「父のように優しい心で俺たちを育ててくれました」

前田日明　まえだ・あきら●1959年、大阪府生まれ。77年に新日本プロレス入門。将来のエースを嘱望されるも、新日本を離脱し、84年に第一次UWFに参加。新日本復帰後、87年の「長州力顔面蹴撃事件」で解雇。88年、新生UWF旗揚げを経て、91年にリングスを設立。99年2月、アレキサンダー・カレリン戦で現役引退。

取材・文●井上崇宏／撮影●タイコウクニヨシ

山本小鉄。力道山最後の弟子であり、日本プロレス時代は星野勘太郎との「ヤマハ・ブラザーズ」で活躍。1972年、アントニオ猪木と行動をともにし、新日本プロレスの旗揚げに参加。道場での熱血指導は「鬼軍曹」と呼ばれ、数々のトップレスラーを鍛え上げた。またテレビ中継の名解説者としても新日本の黄金期を支えた。新日本の顧問を務めていた2010年8月24日、静養中の長野県軽井沢町で昼食をとったあとに喉に異変を訴えて入院。4日後の28日午前6時42分に呼吸困難を起こして心肺停止状態となり、低酸素性脳症のため死去した。享年68。

告別式で弔辞を読み上げたのは山本の弟子であり、リングス代表の前田日明。「故人がいちばん気にかけ、叱り、いちばん口にしていたお名前でした」と遺族から希望されてのことだった。

「俺はいまでも信じられないのは、新日本に学生プロレス出身者がいることなんですよ。棚橋（弘至）とかは学生プロレスをやっていたと。いまさら個人をどうこう言うつもりはないけど、それが本当に驚きで。学生プロレスって俺が新日本の寮長をやる前くらいの頃にできたんだよね。その時、テレ朝がなんかの番組で学生プロレスを連れてきてさ、あろうことか新日本の若手とプロレスをやれっていう話になって。俺はその時猪木さんから言われたからね、『お前、わかってるんだろうな?』と。それで学生をボコボコにしたら、ディレクターが『いったいなにをしているんですか!』って言うから『いや、普通にやりましたよ』って。

それくらい新日本は学生プロレスを毛嫌いしていた。そういう新日本の気概、道場の雰囲気、ストロングスタイルの源流みたいなもの、つまり新日本イズムをつくったのは山本さんなんですよ。

山本さんと最後の会話をした時、『アキラ、聞いてくれよ』って。『どうしたんですか?』って聞いたら、新日本のあるレスラーがつまんないショッパイ試合をしたんだと。それで『もっといい試合をしろよ!』って言ったら、そいつが『山本さん、いい試合ってどんな試合なんですか?』って言ってきて、頭にきてぶん殴ったと。それが誰なのかは聞かなかったけどね。それで『もし、山本さんがブッカーに戻ったらどうしますか?』って聞いたら『全員クビだよ!』って言ってたよね」

「山本さんが俺のポケットに分厚い札束を突っ込んだ」

77年、佐山聡にスカウトされる形で大阪から上京して新日本に入門した前田。中学2年生の時に両親が離婚、その後、ついていった父親がほとんど家に帰ってこないという生活が続き、兄妹とも生き別れていた前田は独りすさんだ少年時代を過ごしていた。

「要するに入門当時は、大人を信用することのできない性格のねじ曲がったガキでね。生みの親のことすら信じられないのに、どうして他人のことを信頼できるんだっていう気分で。いわゆる反抗期。そんな俺を、本当の親のように、厳しくも優しく育ててくれたのが山本さんだったんです。

俺が入門して2カ月くらいがたった頃、ウチの親父が倒れた。ひどい十二指腸潰瘍から腹膜炎を起こして病院に運ばれたんだよね。それで俺は『大阪に帰って父親の面倒を見てきます』って言ったら、山本さんがいきなりパッと俺のポケットに分厚い札束を突っ込んだんですよ。そのお金というのは、自分の交通費だけじゃなく、手術代とか入院費が全部払えるくらいの額でビックリしたんだよね。俺はまだデビューもしていないただの練習生だよ。それで『いいから持っていけ。困ったことがあったらすぐに電話してこいよ！』って。

のちに山本さんの付き人となり、そこでイチから前田日明という人間を矯正してくれたんです。まだ行儀の悪かった俺の言動を目にするとすぐに鉄拳が飛んできて怒られた。それでも直らないと椅子をぶん投げられた。そうして言葉遣いや礼儀作法がきちんとしていないと烈火のごとく怒るんだけど、あの人は怒ったあとにちゃんと諭す言葉があったんだよね。

鬼軍曹としてその厳しいコーチングに俺らは毎日が地獄だった。でも自分も率先して若い選手たちと一緒に練習をやっていたんだよね。ベテランのレスラーってスクワットといえばハーフスクワットになっちゃうんだけど、山本さんはちゃんとフルスクワットをやってたからね。正確なフォームで、それでヘタしたら若手よりもペースが速かったもんね。それで練習が終わったらメシ。『とにかく体をでかくしろ』ってことで『いま何杯食った？』って俺らがメシを食い終わるまで待ってるからね。当時、新弟子は俺しかいなかったから、半年くらいはずっとマンツーマンで目の前にいたね（笑）。

それが本当に苦痛だったけど、朝からの合同練習が終わって夕方くらいまでメシを食うのに付き合っていて、あとから奥さんに聞いたらそのあと、家に帰ってからも家族のために家の炊事とか掃除を全部やっていたらしいからね。自分のプライベートの時間っていつあったんだろうって思うよ。それくらいずっと選手に付き合って、ああでもないこうでもないってやってたからね。

巡業先の宿でもビールを飲みながら『お前、いま何杯食った？』ってずっとやってるからね。だから俺は最初の1年で20キロくらい体重が増えましたよ。入門当初は73キロで、練習がきつくて半年経ったら68キロになって、そこから半年でみるみる20キロ太ったよね。練習が13時くらいに終わって、それからメシを食い始めて夕方の5時くらいまで昼メシが終わらないんだよね（笑）。それに山本さんはずっと付き合ってくれていたんだよ」

「いつか藤原さんを血祭りにあげます」

78年8月25日、長岡市厚生会館で行われた前田のデビュー戦。その対戦相手は、山本小鉄だった。

「山本さんはみんなが嫌がった俺のデビュー戦の相手をしてくれたんだよね。『お前がなにをするかわからないからみんな嫌がったんだよ』って言ってて。すでに嫌われてたからね、俺（笑）。その頃、平田（淳嗣）や（ヒロ）斎藤もデビューしたけど、『なんで俺だけ山本さんなんだ？』

って。嫌だなあって思ったよ。だって毎日ストーカーのように付きまとわれて、練習で絞られて、メシの時もずっと見張ってる人となんでリングでも会わなきゃいけないんだって（笑）。デビュー戦の日はテレ朝の中継があった日でね、会場の後ろのほうに高い脚立が立ってて、なにも知らずに試合前に入れ込んでた俺は気合いを入れようとその脚立の足元を思いっきりバコンバコンと蹴っていたら上にいたテレビのスタッフから『お前、なにをしてるんだ！　落ちたらどうすんだ！』って怒られてさ。そんな頭のおかしい、わけのわからんヤツと誰も試合したくないよね、そりゃ（笑）。

俺がデビューをして間もないか、デビューをする前だったと思うけど、沖縄の奥武山《おうのやま》体育館で試合をした時に、山本さんと一緒に旅館まで歩いて帰ったことがあるんだよね。その時の山本さんから『アキラ、お前はどういうふうになりたいんだ？』って聞かれたから、『いや、とりあえずスパーリングをするだけです』って言って、それで『いつか藤原（喜明）さんを血祭りにあげます。藤原さんに復讐したいです』とか言っててさ（笑）。そうしたら山本さんが『お前は面白いヤツだな』って嬉しそうに笑ってくれたんだよね。『スパーリングはある程度までやっていけば極められなくなってくるぞ。それまでは耐えて食らいついていけ』って言ってくれた。

そんなことを言えるくらい山本さんのことは慕っていたね。いや、それはみんなに対して言っていたか。『藤原さんを血祭りにあげる』って言ってたら猪木さんも面白がっていたよ（笑）」

「坂口さんはスパーリングが弱い」

若手時代から前田とそりが合わなかったのが坂口征二だった。そんな坂口は山本小鉄とも仲が悪かったというが。

「小沢（正志）さん（＝キラーカン）から言わせれば、坂口（征二）さんってアメリカでレスラーとしてまったく通用しなかったらしいんだよね。食えないぐらいで。そんな人間が新日本に帰ってきたら、『世界の坂口』って言われて猪木さんに次いでナンバー2でしょ。で、山本さんはアメリカでチャンピオンになったりしてたし、そういうレスラーとしての格があるんじゃないかな。

山本さんは坂口（征二）さんと仲が悪くてね、その根本には坂口さんには妙なところで柔道的なプライドを出すところがあって、プロレスを見下したようなところがあったからですよ。坂口さんはたしかに柔道の実績はすごいけど、スパーリングとか弱くてね。北沢（幹之）さんが面白いことを言ってたよ。『昔はあのデカい新人は弱いなぁって、また極められてたよ』って。

そりゃ道着を着たら強いよ。もうバンバン投げてね。ただ、あの当時の日本柔道は寝技が全然ダメだったから神永（昭夫）代表が（アントン・）ヘーシンクに抑えられたりするわけで。

俺が藤原さんとスパーリングしだしてから1年半くらいがたった時、試合前に会場で坂口さんから『ちょっと来い！』って言われてスパーリングをやったんだけど、あの人は俺を極められないんだよね。それで開場してリングの周りにどんどん客が増えてきて、俺も『これはまずいんじゃないかな』と思ってさ、それでわざと腕を取らせたんだよね。それで終わって控室に帰ったら藤原さんに便所に連れて行かれて殴られて。『俺はお前にあんなことをさせるためにスパーリングの相手をやってるんじゃない。とっととやめて大阪に帰れ！』って涙をボロボロこぼすんだよ。それに俺もビックリしてさ。俺は藤原さんの実験台にされてるだけだと思って毎日やってたから、そんなふうに思ってくれてたんだと思って。それで『すみませんでした！』って謝って改心をして、後日、坂口さんに『スパーリングをやらせてください！』って言ったけど、もうやってくれなかったよね。

しばらくして俺はイギリス遠征に行ったわけだけど、帰国をした頃はまだ山本さんは道場のコーチをやっていたよね。だけど、そのあとクーデター騒ぎがあってマッチメイカーからなにから外されたんだよね」

「俺は間違いなくヤクザになっていた」

83年8月に新日本内部で起こった、会社の経営方針に不信感を抱いていた選手やフロントによるクーデター。猪木が進めてきた「アントン・ハイセル」事業の資金繰りのために、人気絶頂だった新日本にはほとんど利益が出ていなかった。これに危機感を覚えた山本ら〝首謀者〟たちが組織の改革のために行動したが、そのクーデターは結果的に失敗に終わる。

「結局、あのクーデターの首謀者の1人が山本さんだったから、あれ以降、新日本の本流から外れていった感じでしたね。それでコーチやマッチメイカーから外されてね。

俺はあのクーデターの時は本当に複雑な気持ちでね、もちろん山本さんには恩義があるけど、同じような気持ちが新間（寿）さんにもあったから。新間さんがいなかったら俺は新日本に入っていなかっただろうし、あのまま大阪にいたらどうなっていたかわからないから。いまだから言えるけど、間違いなくヤクザになっていただろうね。

西成に俺をかわいがってくれてメシを食わせてくれる山口組系の人がいたんだよね。俺は西成で人を殴ったりとかばっかしてて、それは単なるケンカでやってたんだけどさ、ある日ノックアウト強盗と間違えられて、あっという間にパトカー何台もに囲まれたことがあったんだよ。それで路地の中を逃げ回ってる時に手を引っ張られて家に入れられたんだよね。それがヤーサンの家でそこに一晩泊めさせてもらってさ、『お前、なにをやってるんだ』って、そのヤーサンも俺のことをノックアウト強盗だと思ったんだよね。

それで『お前、見どころあるからウチに来い。面倒みてやるから』って言われて。それからしょっちゅう電話がかかってきてはメシを食わせてくれたりとかしたんだよね。あの頃の俺は、マグロ漁船にでも乗ってお金を貯めて、それでアメリカに行ってみたいなことを考えてたんだけど、それも実際にどうなるかわからないじゃん。

だから佐山さんと出会って、新間さんが東京から会いに来てくれなかったら、自分でもわけわからずにヤクザのつもりでもないけど、いつの間にかそういう世界に足を踏み入れちゃって、その頃山口組は抗争をやってたから、鉄砲玉みたいなのをやらされて死んでるよね。俺の性格からして、おだてられて、『行ってこい！』って言われたら、カッコいいと思って鉄砲玉で行っちゃうよね（笑）。

そういう俺の性格はプロレスに入ってからも残っていたから、山本さんは『お前、親に連絡してるか？　お父さんを大事にしなきゃいけないぞ。お母さんも別れて暮らしてるんだから安心させてやれよ』ってしょっちゅう言ってたね。

それでそのクーデターが失敗に終わったあと、山本さんはどんどん体制の本流から外されていって、新日本プロレスサービスっていうグッズの会社に行かされたりしたんだけど、そこは新日本と連結でね、『大赤字を出している新日本の役員、坂口、藤波はなんの責任も取らず、俺の会社から利益をふんだくって、給料にボーナスまで取ってるよ』ってすごい怒ってたよね。

その後、俺はユニバーサルに行ったから山本さんとは自然に接点が失われていく感じで。それでもたまに電話があったりはしたね。それはのちのＵＷＦやリングス時代もそう。とくに用はないんだけど、『元気にしてるのか？』みたいな」

「山本さんは失意のどん底だった」

「とにかく新日本内部においては山本さんは完璧に蚊帳の外だったね。上の人たちは、山本さんに使途不明金みたいなのがあったんだっていうことを言うんだけど、俺らから見ると、あの人は自分で遊ぶためにお金をつかったりはしないんだよ。選手に賞金を出したりだとかそういうので羽振りがよかったっていうか。山本さんがブッカーをやっていた頃は、いい試合をやったらベストバウト賞ってことで賞金が出ていたんだよね。それで3万くらいもらったのかな。

それこそ俺がイギリスから帰ってきた時も、『前田のギャラを上げてやれ』って言って坂口さんと揉めたからね。それまで1試合のギャラが7000円だったんだけど、それを1万5000円にしてやれって、2人でやいのやいのやっていたからね（笑）。

それでのちにユニバーサルが崩壊して俺らが新日本に戻ってきたあたりの頃は、山本さんは失意のどん底だったんじゃないかな。テレビの解説はまだやっていたけど、俺もあの頃は山本さんと会って話すっていうのがあまりなかったんだよね。ただ、俺らはリング内外で新日本とギクシャクしていたでしょ。それをたしなめることもなく、『なにかあったら俺に言ってこい。気軽にいつでも相談してくれ』って感じだったよね。

たしかに戻ってきた俺らと新日本のレスラーが試合したら毎回ギクシャクしたじゃん。あれも山本さんがマッチメイカーをしていたらうまいことアングルをつくって回してただろうと思うけどね。考えてみればUWFの連中って山本さんと関わった選手ばかりだもんね。だけど当時は坂口さんがマッチメイクをやっていたからさ。

あ、そうそう、熊本の人吉市で起こった『旅館破壊騒動』の親睦会は、山本さんが企画したんだよね。リング上のギクシャクをなんとかしようとして」

「山本さんがいたらリングスは大成功していた」

新弟子の頃から前田に目をかけ愛情を注いできた山本も、新日本では不遇をかこっていた。しかし、前田はそんな山本に対しても最大限の賛辞を送る。

「結局ね、こうして山本さんのことを振り返ってみて、あの人をことを嫌いだった人間もいると思うけど、俺に言わせれば、山本小鉄の言葉は真似できても、あの生き方だけは誰も真似できないです。

山本さんも子供の頃から苦労をしていたからね。聞いた話では、家がすごく貧しくて、兄弟も多くて、小学生くらいから新聞配達とか子供でも雇ってもらえる仕事を3つ4つ掛け持ちして家にそのお金を全部入れていたらしいよね。それでも学校の勉強もちゃんとやっていて。

それである時に一念発起してプロレスの世界に入ろうと思って力道山に会いに行ったんだけど、

『ちっちゃいからダメだ』って言われて、それから体を大きくしようと思ってボディビルを頑張ってやって、それで入れてもらったっていうのがあるんだよね。身長が170センチあるかないかなんだけど、いちばん体重があった時で108キロとか110キロ。爆弾みたいな体だよね。それで足も速かったからね。

リングス時代、山本さんみたいな人が内部に1人いたらどれだけ運営がラクだったかと思う。間違いなくリングスは大成功してますよ。俺1人でやる10倍は成功してるし、たぶんいまもまだ続いていたと思うよ。

だって、選手を礼儀作法も含めて育てられて、営業もできて、興行のやり方もわかっていて、非の打ち所がないもんね。

鍾馗《しょうき》さん（中国の民間伝承に伝わる道教系の神）のような眉毛をして、切れ長のギロッとした目つきでずっと俺らのことを見ていた。それは睨んでいるんじゃない、見据えていたんですよ。それがまるで心の中まで見透かされているような気がしてさ。

俺、弔辞の時に『常に真剣で、常に体を張り、父のように優しい心で俺たちを育ててくれました。自分が今日ここにあるのはすべて山本さんのご指導のおかげです』って言ったんだけど、その思いはいまだに変わらないよね」

ジャイアント馬場

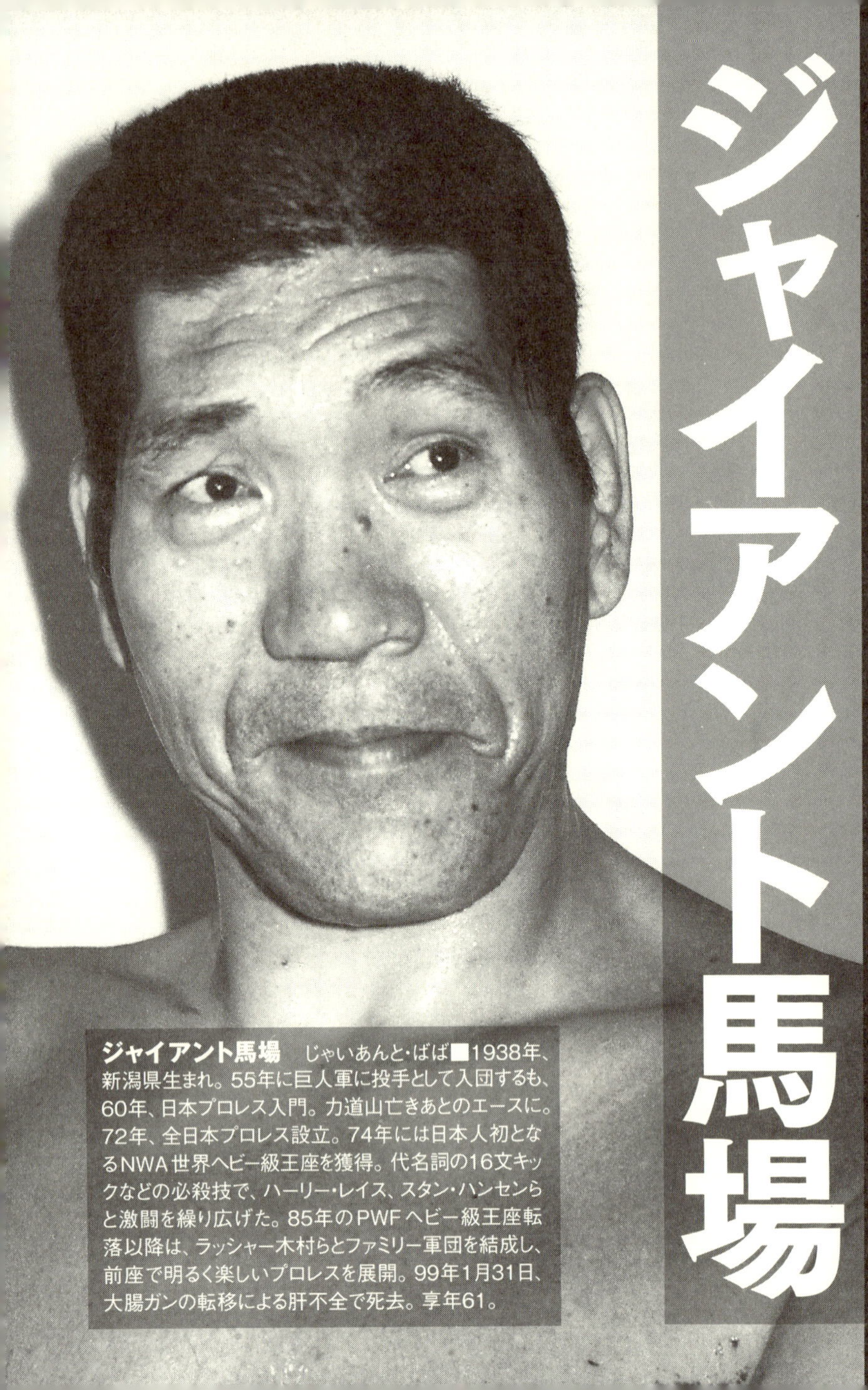

ジャイアント馬場　じゃいあんと・ばば■1938年、新潟県生まれ。55年に巨人軍に投手として入団するも、60年、日本プロレス入門。力道山亡きあとのエースに。72年、全日本プロレス設立。74年には日本人初となるNWA世界ヘビー級王座を獲得。代名詞の16文キックなどの必殺技で、ハーリー・レイス、スタン・ハンセンらと激闘を繰り広げた。85年のPWFヘビー級王座転落以降は、ラッシャー木村らとファミリー軍団を結成し、前座で明るく楽しいプロレスを展開。99年1月31日、大腸ガンの転移による肝不全で死去。享年61。

証言 和田京平

「生命維持装置を外しても、馬場さんは、すごい生命力だった」

和田京平　わだ・きょうへい●1954年、東京都生まれ。74年、全日本プロレスでレフェリーとしてデビュー。80年代後半以降はメインレフェリーに。ジャイアント馬場が亡くなるまで付き人を10年あまり務めた。2000年の三沢光晴らの大量離脱後も11年まで全日本に所属し続けた。

取材・文●市瀬英俊

東京から走らせた巡業バス。その日の試合会場である長野・松本市総合体育館に到着しても、ジャイアント馬場はシートから腰を上げようとしなかった。

「京平、俺、動けねえ」

名指しされたレフェリーの和田京平は、すかさず反応した。

「でも社長、会場に着いたっすよ。バスを降りないと」

もうかれこれ10年以上、付き人的な立場として馬場の身の回りの世話を行ってきた和田。しかし、馬場は献身的なその声に耳を貸そうとしなかった。

「俺、きょう、無理だよ」

馬場夫人の元子さんは和田に加勢した。

「馬場さんが試合に出ないでどうするんですか！」

車内でにわかに夫婦ゲンカが始まった。馬場が声を荒らげた。

「動けんのや！」

馬場は立たなかった。いや、立てなかった。気がつけば顔には汗がにじんでいた。額に手を当てれば熱を感じる。

馬場は帰京することになった。足取りはおぼつかず、よろよろと、それでもタクシーと特急電車を乗り継ぎ、リングアナウンサーの仲田龍に付き添われて都内新宿の東京医大病院へ。馬場はかねてよりこの病院において、ほぼ1カ月に1回のペースで定期健診を受けていた。

1998年12月2日の異変。誰もがそれは些細な異変だと思っていた。松本大会を欠場した馬場。理由は「風邪による体調不良」とされた。翌3日。馬場は静岡大会の出場も見送った。しかし、4日の千葉大会では戦列に復帰。第3試合の6人タッグマッチで悪役商会と対戦した。

迎えた12月5日。『98世界最強タッグ決定リーグ戦』、その最終戦の舞台となった日本武道館大会。馬場は前日同様、ファミリー軍団の一員として悪役商会トリオと激突した。

平穏な日常が完全に戻った。誰もがそう感じていた。全試合終了後、記者団が馬場をぐるりと囲み、シリーズ総括のコメントを求めた。それはいつもの見慣れた光景だった。

全日本プロレスはこの年の5月1日、東京ドームで初の単独主催興行を開催した。1人の記者から「来年、第2弾の予定は？」と質問が飛んだ。

「ドーム？　あるかもわからんけど、予定があれば俺だって言いますよ。隠しておく必要はないんだから」

含みを残した馬場の回答。言下に否定しないということは、すなわち「やりますよ」という事実上のゴーサインを意味している。翌6日から始まるシリーズオフ。馬場はハワイ経由でカナダにまで足を延ばし、13日にはWWF（現・WWE）のバンクーバー大会を視察することも決まっていた。そこにいた誰もが華やかな東京ドーム大会になるであろうことを予感していた。

ところが。記者団にとってはこの囲み取材が、馬場との今生の別れになった。もちろん、そんなことは誰一人考えもしなかっただろう。なにより馬場自身も。

末期ガンであることを知らされなかった馬場

12月6日。馬場は自宅近くの行きつけの理髪店で散髪を行った。ただ、午後1時半の来店予定が2時になり、3時になり、結局は5時にまでずれ込んだ。顔を触れば微熱があることもわかった。キツそうだなあ。20年あまり馬場の背後でハサミを操ってきた吉田善保さんは、体の変調を感じ取っていた。

馬場は吉田さんに言った。

「明日、病院に行って、結果がよければハワイに行ってくるよ」

12月7日。和田が回想する。

「京平、お前もカナダに行くかって。マクマホン（ビンス・マクマホン・ジュニアWWF社長）に会いに行かなきゃいけないんだよ、と言ってましたね。社長はハワイでケア（マウナケア・モスマン。現・太陽ケア）の三冠戦をやりたかったんですよ。それでマクマホンの力を借りて、というのもあったんじゃないかな。俺もカナダは楽しみにしていたんだけど、ハワイに向かう前に病院に行って検査結果を聞かなきゃならないって。俺と（仲田）龍で車に荷物を積んだんだけど、元子さんだけ『私はあとから行くから』どうのこうのって、なんかいつもと様子が違うんだよね。

それで病院に行って、馬場さんが椅子に座って検査結果を聞いた時に、数値が出ている紙を俺もちらっと見たんだけど、病院の先生が『馬場さん、数値が高いんだよねえ。ちょっと心配だから、いまから入院してほしい』と。こちらにしてみれば、なんでこんなに元気な人間が入院なのって感じですよ」

ハワイには行けなくなった。そのことをかあちゃん（元子さん）に伝えてほしい。和田は馬場からそう頼まれた。

「数値がどうのこうので、ハワイが中止になりそうですって言ったんだけど、元子さん、慌ててないんだよね。普段なら『なんでなの！』って怒る人が、『あっ、ほんと、わかった、いいよ』みたいな。最初から元子さんはハワイに行く気がなかったんだよ。だって元子さん、自分の荷物にはいっさい手をつけていなかったからね。準備したのは馬場さんのカバンだけで。飛行機のチケットも見てないし」

2000年に刊行された元子さんの著書『ネェネェ馬場さん』（講談社）には、次のような記述がある。

〈「ここに上行結腸ガンがあり、すでに肝臓にも転移しています」

それは、あまりにも突然の、むごい宣告だった。

数日前から馬場さんが検査入院している東京医大病院の内科の主治医は、目の前のCTスキャン・フィルムを指さしながら、機械的にそう言った〉

元子さんが馬場の真の病名を知ったのはいつなのか。和田は入院前ではないかと推測し、元子さん自身は入院後だと記す。両者の記憶は食い違っているが、いずれにせよ馬場のハワイ行きとカナダへのWWF視察は土壇場でキャンセルになった。

「それで個室に入ったんだけど、馬場さんとすればただ寝てるだけ。テレビを観るだけ。だから、やたら口にしてたよね。『俺はなんの病気なんだよ。なんで俺は入院してるんだよ。別になんでもないのになあ』って。先生が回診に来るたびに言っていて、だんだんイライラし始めたというか、ちょっと手に負えなくなる部分があったよね。馬場さんがあんなにグズるなんて珍しいなと」

そう振り返る和田。元子さんは馬場が末期のガンであることを自分の胸の奥深くにしまい込んだ。馬場のみならず、和田を含めた周囲の人間にも明かさなかった。

元子さんだけが知っていた、馬場さんの復帰はないこと

当時、馬場の看病に当たったのは元子さんと和田以外に仲田、さらには馬場夫妻の姪が3人。この計6人以外、面会はできなかった。元子さんがシャットアウトした。

「俺と龍は毎日、同じ時間に待ち合わせをして、毎日、同じ時間に帰っていったけど、ジョー（樋口）さんは会えなかった。個室の横のロビーでずっと待たされてたのは覚えてる。三沢（光晴）も病院には来たけど……。唯一、会ったのはウォーリー（山口）だけですよ。馬場さんが

『俺の代わりにカナダに行ってくれ』ということでね。たしかサーモンかなんかのお土産を持ってきたかなあ」

カムバックの日がいつになるのか。馬場はベッドの上でグズりながらも、前を向いていた。90年11月30日、北海道・帯広大会で左大腿骨を骨折した時は、翌91年6月1日の日本武道館大会で復活を遂げた。それがいいイメージになっていたのだろう。

「来年の4月17日の武道館のチャンピオン・カーニバルで復帰できるかな」

元子さんが「それより、そのあとの東京ドームのほうがいいですよ」と返すと、

「そうだなあ。それじゃ、目標は5月2日か」

そんなやり取りがあったという。だが、その目標がおそらく成就しないことを、元子さんだけは知っていた。主治医に「5月2日に一度だけリングに立たせたいのですが」と訴えてみたが、返答は「進行が早ければ、そこまでもちませんね」。元子さんは前出の著書に〈なんの温もりも感じられない、氷のような言葉〉と綴っている。

12月25日から1月5日まで、馬場は都内恵比寿の自宅で過ごすことが許可された。和田が運転する車で帰った。

「いつもの椅子に座って、テレビを観て、ホッとした顔をしてたよね。ただ、夜に熱が出たというので、そのあと見舞いに行く時に氷を買っていった記憶がある。氷を股に入れてリンパを冷やしたよね。それと腸の調子が悪かったから、便もだんだん緩くなっていったよね。それで食が進

まない、なにも食べたくないと、わがままを言い始めた。そのなかで馬場さんが『(ホテル)オークラのビシソワーズスープが飲みてえなあ』と言ったので、俺が『もらってきましょうか』と。馬場さんには『そんなの無理に決まってるじゃねえか』と言われたけど、俺とすれば必死だったよね」

和田は水筒を携えて、過去には馬場夫妻と何度も食事のテーブルを囲んだ都内虎ノ門のホテルオークラ東京へと車を走らせた。

「黒服の人に『ビシソワーズを売ってください』と言ったら、『これはナマモノなんで表に出せません』と言われたんだけど、『実はウチの馬場さん、具合が悪くてなにも食事ができないんです。でも、オークラさんのビシソワーズだけ飲みたいって言ってるんです』とお願いしたら、本当はダメなんだけど、裏に行ってくれて内緒で2人前だったかな。馬場さんも驚いてたよね。『お前はすげえなあ。本当に買ってきたのか』って。ニコニコしながら飲んでたよね。『やっぱりうまいなあ』って。あのへんからもう、だいぶ悪かったんだよね」

元子さんが不意に涙を流した瞬間があったという。

「馬場さんが奥の部屋で寝てる時に、リビングで元子さんが泣き出したんだよね。それで馬場さんに気づかれないように小さな声で『万が一、馬場さんになにかあったら、あんたたち、私を助けてね』って」

元子さんのかたわらにいたのは和田ともう1人、馬場方の姪だった。

「そうしたら姪っ子さんが『私は知りません』って。もうビックリして、思わず元子さんと目をパッと合わせたよね。俺も信じられなかった。馬場さんが亡くなるわけない、というのと、元子さんは関係ない、という思いだったんだろうけど、いま考えてもすげえなと。馬場さんの奪い合いだよね。元子さんも『京平。私、あの子、信じられない』って言ってたけど」

「これはやばいぞ、絶対に危ないぞ」

99年1月5日。馬場は東京医大へと戻った。そして8日には開腹手術に臨んでいる。マスコミに向けては11日付けで全日本から「ジャイアント馬場は8日、癒着性腸閉塞のため都内の病院で手術。術後の経過は良好。一日も早い復帰を目指しています」とリリースを送った。

誰もが、とは言いがたいが、おそらく大多数の人間がその発表を信じた。しかし、もはや手遅れだった。ガンは肝臓から肺、腎臓にも転移していた。元子さんはここでも、その事実を自分の胸の奥深くにしまい込んだ。和田は言う。

「巡業先に元子さんから電話がかかってきて、『馬場さんの病気が腸閉塞だとわかった。緊急オペするから、みんなに伝えておいて』と。それでみんなホッとしたんだけど、俺もだまされたよね」

12月中はシリーズオフということもあり連日の病院通いだった和田も、1月2日開幕の『99新春ジャイアント・シリーズ』では仲田とともに巡業に同行。東京に戻ってきたのは15日だった。

和田は、我が目を疑った。

「病院に行ったら、馬場さんがあまりに変わっていたんだよね。これはやばいぞ、絶対に危ないぞと。もう一人では立ち上がれないし、お腹を切ったらこんなにも弱々しくなってしまうのかと。こんなんだったら切らないほうがよかったんじゃないか、という感じだったよね。薬のせいか、いろんな夢を見るんだよ。昔のことを言ったり、誰かが来たぞと言ったり。馬場さんも悔しかったただろうね。腸閉塞の手術をしたから治ると思ってたんだろうなあ」

これはやばい。和田はXデーを意識した。だが、仲田は違ったという。

「絶対に危ない、馬場さんが亡くなったら大変だぞと言ったら、龍は『そんなこと言わないでくださいよ』と」

仲田はあくまでも快復、完治を信じていた。いや、願っていた。

「龍はそのままお百度を踏みに行ったんだよね。でも、俺は違うほうを考えていた。会社は大丈夫かなって」

全日本の年頭シリーズは1月22日に幕を閉じた。最終戦は大阪大会。メインイベントでは川田利明が三沢を破り三冠ヘビー級王座を奪回。ところが、川田は試合中に右腕を骨折してしまう。帰京した和田は、そのことを馬場に告げたというのだが。

「三冠戦のことを報告したら、馬場さんが『なにぃ？　なんでケガするんだ』って言った記憶があるんだけど……。23日は馬場さんの誕生日でしょ。誕生日の時はもうＩＣＵ（集中治療室）だったんだよね。となると、元子さんに報告したのかなあ……。とにかく23日は元子さんを先頭に、カルガモの親子みたいに1列になって、みんなで歌いながら歩いてＩＣＵに行ったんだよね。元子さんは、なんとか盛りあげようとしてた。悲しさを出さないようにしてたよね。それで馬場さんにケーキを見せたら『おう、おう』と。口に酸素吸入器をつけてたからしゃべることはできなかったけど、まだコミュニケーションは取れたよ」

「馬場さんは元気になってきたよ」と嘘をついていた

肝機能障害を併発した馬場がＩＣＵに移ったのは21日のことだった。

容体が悪化したのは27日のことだった。

「馬場さんの意識はもう戻らないと思います」。医師が元子さんにそう宣告したのは29日のことだった。

「馬場さんをこのまま機械で延命させるか、それとも終わりにするのか。元子さんはこれ以上、苦しませたくないという感じだったんだけど、『みんなはどう思う』と言うので、俺は『それは元子さんが決めることで、我々が口を出すことじゃない』と。でも、私は知りませんと言った姪っ子さんが『延命させてください。ここで馬場さんを亡くすなんて、私は許さない』と。元子さんと口論になっちゃって、もうすごかったよ。最終的には、もう馬場さんも十分頑張ったから、ここで終わりにしようという感じだったよね」

30日。馬場はICUから個室に戻り、最期の時を静かに迎えようとしていた。

「お医者さんには『もうそれほど長くはないので、馬場さんに話しかけてあげてください』と言われたんだけど、心臓が強かったから何時間も頑張ったんだよね。すごい生命力だった。ずっと寄り添っていた元子さんも『馬場さん、強いねえ』って」

生命維持装置を外してから約28時間が経過した1月31日、午後4時4分。ジャイアント馬場、永眠。最期は6人だけではなく、馬場の姉や元子さんの姉もベッドを囲み、看取った。

「そこからが大変だったよね。元子さんとしては外部に知られたくない。騒がれたくない。レスラーにも後日発表する、と。でも、なんせ馬場さんは重いし、大きい。とりあえず馬場さんを恵比寿のマンション、8階まで上げなきゃいけないんだけど、エレベーターには乗らないし、立てるわけにもいかない。結局、合宿所にいた若手レスラーを呼んで、『絶対に内緒にしてくれ』と。丸藤（正道）とかみんな、目が点になってたね。志賀（賢太郎）の〝えっ？〟という顔とか、あの光景は忘れられないね。それでストレッチャーに乗せた馬場さんを8階まで階段で運んだんだけど、何度、落としたことか。夜なんで大きい声を出せないんだけど、『社長、頑張ってくださいい』と言いながら、やっとの思いで。腕は棒のようになったよ。30分ぐらいかかったからね」

2月1日。インターネットへの匿名の書き込みが端緒となり、馬場の死が未確認情報として一気にメディアの間を駆けめぐった。気がつけばマンション前には取材陣が大挙押し寄せ、元子さんは観念した。三沢、ジャンボ鶴田、百田光雄の3選手が都内六本木の全日本事務所で緊急記者会見を開いたのは、午後7時のことだった。テレビ各局は一斉に「馬場、61歳で死去」とニュース速報を流した。

「そりゃあ隠しきれないよ。世界の馬場さんだもん。でも、バレたことで俺は内心ホッとした。俺が思ったのは『無理するな。もう発表しろ。みんなに助けてもらえ』って馬場さんが言ってるんじゃないかと……。俺自身、レスラーのみんなには『馬場さんは元気になってきたよ』と嘘をついていたので、本当に申し訳なかったよね」

訃報を聞いて、通夜の席には馬場のゴルフ仲間も駆けつけた。和田にとっても大切な友人。黙っていたことを許してくれ。和田はそこで初めて号泣した。

「全日本は一代で終わり。三沢は三沢プロレスをやればいい」

2月2日。自宅での密葬。そして出棺。馬場は桐ヶ谷斎場で荼毘に付された。

「元子さんはずっと気丈に振る舞っていたけど、斎場では『馬場さんの骨は見たくない。京平くんに任せる』と。元子さんはずっと控え室に、ポツンと1人でいたよね」

和田は払拭しがたい悔いを抱えていると明かす。

「一番のミスは……亡くなる1年ぐらい前に、馬場さんが『俺の屁が臭いんだよなあ』と言ったことがあったんだけど、俺は『社長、屁は臭いもんですよ』と異変に気づいてあげられなかったんだよね。あれは俺の汚点だね。馬場さんも定期的に検査を受けていたけど、血液検査をするだけで、胃カメラを飲むとか、腸の検査をするとかではなかったから。数値の変化をお医者さんがしっかり見ていてくれれば、とは思うけどね」

「俺はあと3年かなあ」。和田がハンドルを握る車中で、馬場がそんな言葉を漏らすようになったのは98年の夏以降だったという。

「三沢が元子さんを排除して……という話があったでしょ。馬場さんは『全日本は俺一代で終わり。三沢は三沢プロレスをやればいい』と言ってたけど、それが引き金になったのかなあ……。あれから車の中で弱気な話をするようになったよね。3年ぐらいで亡くなるか、歩けなくなるというのを、馬場さんは自分で想像していた。『歩けなくなったあと、俺の面倒を見てくれるのは、かあちゃんなんだよ。三沢が俺の面倒を見てくれるわけじゃない。足が悪くなって歩けなくなったら、車椅子は京平、お前が押してくれや』と言ってたなあ。実際、あの頃はハワイに行くたびに大きい車椅子を探してたよね」

馬場は車椅子を購入することなく旅立った。遺骨を自宅に持ち帰った元子さんは、納骨することなく、その後も一緒に暮らし続けた。復帰の目標としていた5月2日の東京ドーム大会は、馬場の「『引退』記念興行」として開催された。

馬場の死から約20年。2018年4月14日。元子さんが馬場のもとへと旅立った。

2人はいま、元子さんの故郷である兵庫県明石市の本松寺《ほんしょうじ》で永遠の眠りについている。1つの墓石の下で、一緒に眠っている。

三沢光晴

三沢光晴　みさわ・みつはる■1962年、北海道生まれ。81年に全日本プロレスに入門し、同年8月には越中詩郎戦でデビュー。84年に2代目タイガーマスクとして再デビュー。90年、天龍源一郎らがSWSに移籍したことを受け、虎のマスクを脱ぎ捨てた三沢は、川田利明、小橋健太とともに超世代軍を結成。92年にはスタン・ハンセンを破って三冠ヘビー級王座を獲得。川田、小橋、田上明とともに四天王プロレスを展開し、絶大な人気を得る。99年、ジャイアント馬場死去後の全日本の社長に就任。馬場の妻だった元子夫人との対立が決定的となり、00年5月に全日本を退団。6月にはプロレスリング・ノアを設立。09年6月13日、試合中に受けたバックドロップによる頸髄離断で死去。享年46。

証言

丸藤正道

「三沢さんの遺体を見て、こらえきれない涙があふれ出した」

丸藤正道　まるふじ・なおみち●1979年、埼玉県生まれ。埼玉栄高校レスリング部を経て全日本プロレス入団。98年8月28日、岡崎市体育館の金丸義信戦でデビュー。抜群の運動能力に基づく華麗なプロレスが魅力。得意技は「不知火」「虎王」「変形エメラルドフロウジョン」。プロレスリング・ノアの全タイトルを戴冠。キャッチフレーズは「方舟の天才」。

取材・文●丸井乙生

三沢光晴が泣いた日。

入門1カ月後から付き人を務めた丸藤正道は、強いその人の涙を一度だけ見たという。

「その一度だけ。三沢さんがここまで追い詰められているんだなと」

三沢光晴は全日本プロレスの頂点である三冠ヘビー級王座に5度輝き、通算防衛回数21回（当時はいずれも歴代1位）。2007年には当時史上最年長でプロレス大賞の最優秀選手賞を獲得した。全日本の顔だった三沢は00年5月28日に全日本の社長を解任され、のちに退団した。同年6月16日にノア設立を発表するまで空白期間がある。約3週間にわたる激動の日々を送るなか、いつものように丸藤は酒席をともにし、初めて三沢が泣いている姿を目撃した。

「カラオケで歌った歌詞が心に入ってしまったんだと思います。曲は『ウルトラマンレオ』。歌はうまくないんですけど……」

三沢は、海千山千のプロレス界で最も誠実な男である一方で、素顔はアニメソング好きのリアル・ジャイアン。そんな三沢を後継者として長年、最も近くで見続けた丸藤が、師匠との歩みを振り返った。

1万円くれて、おつりをくれる

初めて顔を合わせた瞬間は高校卒業後、正式入門してすぐだった。三沢は当時、夜間にルーティーンとして合宿所でウエートトレーニングをすることが常。合宿所のリビングで初めて挨拶した。

「威圧的ではないけれど、オーラがすごかった。自分は高校を卒業したばかりで世間の大人にすら触れていない頃に、いきなりすごい人と会ったので。僕もプロレスファンだったから『うわ、三沢さんだ』と」

新弟子の初々しい挨拶に、三沢は「頑張って」と返してくれたという。たったこれだけの会話でも、業界では異例だった。弟子入り直後は、先輩たちから言葉をかけてもらえない場合が多い。練習の厳しさにすぐ逃げ出してしまう者もいるため、一定期間が経過して生き残った若者だけが「後輩」として認知されるからだ。

丸藤に全日本を紹介してくれた人物が三沢と旧知の仲だったこともあり、入門1カ月後には付き人に。初代付き人の浅子覚から教えてもらった仕事量はそれほど多くない代わりに、用具の準備には様式美があった。コスチュームなどが詰まった試合用バッグは、モノの配置がすべて決まっていた。シャンプーセットの場所、シューズの位置、畳み方、重ね穿きするコスチュームを積む順番。ゼロハリバートンのスーツケース内は、毎日同じように整理整頓が必要だった。

「几帳面な人でした。でも、洗濯に関しては、試合のコスチュームはたしかに洗濯しましたが、巡業中の私服は全部日にち分を持ってくるんですよ。下着も服も。どでかいヴィトンのバッグで。すっげー重かったんですけど（笑）。その中身が足りない時は奥さんに怒るっていう（笑）」

几帳面である一方、面倒見のよさは行動に表れた。巡業に出ると、丸藤の財布の中身がなぜか増えた。

「おつりを全部くれるんです。外食しない時は基本、お弁当を食べる習慣があって。その土地の駅で売っているような駅弁とか、幕の内弁当が好きでした。たかだか数百円とか1000円じゃないですか。それを買うお金として1万円くれて、おつりをくれる。あとは、漫画の週刊誌をほぼ全種類読んでいたので、それを発売日に買っていました。発売日を把握して、朝に買う。たまに、もう読んだものを買ってしまったこともあります。でも、全然怒らない。その時は『読んだけど、まあいいや』みたいな。『あー！ これ読んだ！』と言われるくらいで。怒られたことがない。浅子さんはあるらしいですけど（笑）。先輩でもあり、師匠でもあり、兄貴でもありました。怖いなあと思ったことはなかったですね」

自分よりも人のこと、で損をしてきた

怒ることはなかったが、諭す言葉はもらった。

「言葉に責任を持て、と言われたことはあります」

02年1・20、後楽園ホール。ノアを視察に訪れた新日本プロレスの獣神サンダー・ライガー、田中稔がいるなかで、丸藤は「ノアのジュニアは最強です」と宣言し、新日本との対抗戦に発展

した。

「頭が真っ白な状態で発言して、ライガー選手がかみついてきて、結構紙面になって……。『どうしたらいいですかねえ』と相談しました。そうしたら『別になにを言ってもいいけど、言葉には責任を持って発言しなきゃダメだよ』と。結果、盛り上がったからいいんですけど（笑）」

三沢はできない約束はしない。その代わり、どんな小さなことでも一度した約束は守る男だった。

「周りにレスラー以外でも仲間がすごく多かった理由は、そういうことなんじゃないかと思うんです。有言実行を見せてきたからこそ、仲間が多かった。たとえ話がまた酒の話になるけれど、試合が終わって飲みに行くって決まっていた時に、日本武道館ですごいタイトルマッチをやって、周りの人に『今日はお酒はダメですよ』と止められる状態になって、『行かないよ』と言いつつ、飲みに行っちゃうとか。アレ？　三沢さん、嘘ついてる？（笑）。

仲間を大事にするし、人の面倒をしっかりみる。自分よりも人のこと。そういうことが多かったので。実はいっぱい損してきたと思いますよ。三沢さん、すげーなあとか、いい人だなあと言われているかもしれないけれど、個人的にはたくさん損をしたと思いますね。三沢さんが損をするということは、家族の方も損をしているわけですから、本来はもっといろんな形でいいことがあったかもしれない。『そんなことないよ』って（三沢夫人の）真由美さんは言うかもしれないけれど、きっとあったと思います」

言葉に責任を持つ。だからこそ、00年の全日本退団を決断する時は苦しかった。「ウルトラマンレオ」で涙する少し前。同年5月中旬、東京・錦糸町にある行きつけの店で、2人は定位置のカウンターで酒を飲んでいた。丸藤は退団の決意を三沢本人の口から聞いた。

「僕はその時まだ19、20歳のぺーぺーだったので、金魚のフンみたいに付いて行くことしか考えていなかった。相談されるような立場ではなかったし、三沢さんが自分で動いて、いろんなことを決めてから『こうするから』っていうことだったのだと思います。

もちろん、自分は全日本の道場で育って、ジャイアント馬場さんにも触れることができて、という時間はあったのですが、そんなに長く過ごしていなかったので、三沢さんがそう決めたのだから付いて行くと。よくも悪くも、ビックリしなかったです」

現役終盤は首を動かすたびに激痛が走った

99年にジャイアント馬場が肝不全で他界。三沢は全日本のトップレスラー兼代表取締役に就任したが、馬場元子夫人との方針の違いは平行線をたどった。相手が変わることを期待するのではなく、自分が変わるしかないと判断し、退団を決意した。

当初の構想は盟友でリングアナウンサーの仲田龍と居酒屋を経営しながら、新人を育成して年に数回の興行を開催する予定だった。しかし、追随する選手たちが増え、最終的には50人以上の選手、スタッフが合流。選手の後ろには、その家族がいる。責任の重さを痛感しながら同年6月16日、新団体の設立を発表した。

00年8・5に旗揚げしたプロレスリング・ノアでも師弟関係は続き、丸藤は後継者と目された。思い出深い試合が2戦ある。1つはシングルマッチで初の師弟対決を果たした一戦だ。01年3・3、ディファ有明で10分7秒、ランニングエルボーバットで敗れた。ぐったりとした丸藤は三沢に背負われて退場した。

「あの日、フィニッシュはランニングエルボーでガツンといかれて。試合後もずっと目は回っているし、アゴも痛くて。三沢さん、エルボーを使い分けるんですよ。いわゆる〝120％エルボー〟のほうだったので、それを出してくれたのはうれしかったですけど、晩飯、食えなかったです」

一番の試合は、2度目のシングルマッチとなった06年12・10日本武道館。GHCヘビー級王座をかけたタイトルマッチで王者として、師匠の挑戦を受けた。

「最初のシングルマッチでおんぶされたということは、まだまだ格下の感覚じゃないですか。だから、自分の中では武道館がいちばん残ってるんです。1回目は付き人vs師匠という感覚でやっていたなかで、2回目は僕がチャンピオンで、三沢さんがチャレンジャー、しかも武道館のメインイベント。いつか挑戦するイメージはあったけれど、逆はなかった。お客さんがまだまだ三沢光晴というレスラーを求めているのをヒシヒシと感じました。プレッシャーはそんなに感じなかったけれど、いろんな意味合いで武道館の試合が一番ですね」

結果は三沢の雪崩式エメラルドフロウジョンで敗れ、王座陥落。この一戦では王者としての思いもありつつ、社長兼任レスラーである三沢のコンディションの変化を感じ取っていた。

「ボロボロだったと思いますね……。シングルマッチで動けていた試合は、あの武道館のGHCがギリギリだったかもしれない。その後はしんどかったと思います」

9カ月後。07年9・29大阪府立体育会館で再びシングルマッチで対戦した。今度は挑戦者として王者・三沢と対峙した。

「結果、自分は両方負けたのですが、武道館のほうが明らかにコンディションはよかった。しんどかったと思いますよ。1年もたっていない、たった数カ月しかたっていないのに違っていました」

ビッグマッチ後、三沢には必ずしなければいけない療法があった。プロレス界で言う「首抜きだ」。リングサイドにあるマットを控室へ運び入れ、三沢が寝転ぶ。選手3人が体の上に乗り、整体師が首にタオルを巻き付け、力いっぱい引っ張る。この「首抜き」を行わなければ、首が体にめり込んだような状態が続く。プロレス界ではおなじみの荒療治だ。

「レスラーが3人乗っかっても動くくらいの力でやっていましたからね。首が詰まっちゃって」

相手の技を受け止めるスタイルだったことから、タイガーマスク時代からケガが多かった。長年のダメージから首に骨棘《こっきょく》が発生し、現役終盤は首を動かすたびに激痛が走った。Tシャツを着るだけで、歯磨きをするだけで痛みが出てしまい、日本テレビの地上波中継が打ち切られた09年には下を向くことすら困難になっていた。

会社の経営が悪化するなか、社長として陣頭指揮を執り、トップレスラーとして闘い続けた。さすがの三沢も弱音を吐いてもおかしくない状況に追い込まれていた。丸藤であれば、三沢の弱音、それを聞いたことがあるのではないか。

「ないね。ない。見て感じることはありました。控室も一緒だったし、試合を見てもしんどそうな時もあった。社長、レスラーとして両方」

突き付けられた〝三沢がいない〟という現実

09年6月13日。広島の夜。

3月の右膝前十字靱帯断裂で長期欠場していた丸藤は自宅で寝ようとしていた。「欠場しながらも気にはなっていた」ため、ノアの試合結果を携帯電話で見ていたところ、三沢が意識不明に陥った一報が目に飛び込んだ。飛行機も、新幹線もない時間。車を駆って、広島を目指した。

「どっかのサービスエリアまで行ったんです、1時間以上は運転した。どこまで行ったんだっけなあ……」

途中で、仲田龍から「亡くなった」という連絡が入った。

「変な話、聞いた時は混乱してないんです。見ていないから。状況も見ていない、試合も見ていない。運ばれた様子も、亡くなった姿も見ていない。全然受け入れられなかった」

取るものも取りあえず車で飛び出してきた。最寄りのサービスエリアに入り、一旦落ち着いてから自宅へ引き返した。翌朝、三沢と交流のあった仲間たちとともに、新幹線で広島に向かった。病院で部屋に通されると、真由美夫人がいた。ベッドには、動かない師匠が横たわっていた。

「見た時に、初めて自分の中で受け入れたというか……。目の前にある現実に嘘はないけど、受け入れろと言われても、受け入れられるわけもなく、説明のできない、よくわからない状態。ただ、もう見てるだけでした。部屋を出ると、めったに泣くことはないはずなのに、涙があふれ出して。こらえようにもこらえきれない涙でした」

前夜のうちに、翌14日の福岡・博多大会は決行が決まっていた。丸藤は博多へ同行し、会場控室のドアを開けた。博多スターレーンなら、師匠の定位置は左奥。姿があるはずもなく、〝三沢がいない〟という現実はすぐに突き付けられた。

社長兼トップレスラーの存在はあまりに大きかった。

「三沢光晴という男がノアをまとめあげていたんだと。悲しいかな、その後いろいろ分裂してしまったじゃないですか。三沢さんに任せていたことがあまりにも多くて、それをうまく分担しきれなかったんじゃないかなっていうのはあるし。

いまでこそ、ノアを出た人と笑顔で会うことができますけれど、当時はいろいろあったろうし。

まとめる側に立つことになりましたが、まだまだですね。あの時は頑張ろうと思ったけれど無理でした。三沢さんだったらどうしたかと考えたい部分もあったけれど、いなくなってしまった人がどうしたかは誰にもわからないから、考えないようにしていました。周りで一緒にいる人間でなんとかするしかないと」

三沢がプロレス界に遺したのは、思いやり

三沢は46歳で亡くなった。00年に全日本を退団、ノア設立を発表した時は37歳だった。当時20歳だった丸藤は19年で40歳。あと6年で師匠の年齢に追いつく。

「たまに思いますね。いまの自分が、あの頃三沢さんがやっていたことをできるかと思うと、〝できる〟って確信を持って言えないなって。全日本を辞めて、ノアを旗揚げして、みんなを引き連れて、プロレスラーやりながら社長もやって。相当な覚悟、体力、頭を使ったんだろうなと」

受け身の名手と呼ばれた三沢は、丸藤に「プロフェッショナルとはなにか」を遺した。

「三沢光晴という人間の技を映えさせることができた、自信のあった受けをできたのはモンキーフリップ。もともと三沢さんが小川（良成）さんにモンキーフリップをやってて、小川さんがもうめっちゃ飛んでいったんですよ。それをお手本にして。大技ならバーンといけばお客さんが盛

り上がるんですけど、ほかの人にやっても普通な技を、自分が受けることによってお客さんが盛り上がるという点で、プロフェッショナルの部分をそこらへんで学び始めた。もともと三沢光晴という男も〝受けて受けて〟という男じゃないですか。形は違うかもしれないけれど」

では、三沢はプロレス界になにを遺したのか。

「思いやり。プロレスに必要なワードかと言われると、首をかしげる人もいるかもしれないけれど、プロレス界としても人としても、実はプロレスも試合するっていうのは相手のことを思っていなきゃできないし、そして決して1人じゃできない競技だからこそ」

丸藤は18年9・1両国国技館でデビュー20周年興行を開催した。ノアの経営が悪化した09年、会社として契約を打ち切らざるをえなかった菊地毅、川畑輝鎮、本田多聞に出場をオファー。3人は出場し、「プロレスリング・ノア」初期メンバーが一堂に会した。

「当時、三沢さんは『いつかは戻したい』と言っていました。その言葉が僕の中にはすごく残っていて。だからこそ、みんなを呼んだんです。みんなも快く出てくれたからよかった。たった1日ですが、三沢さんが見ていてくれてたらと思います」

マサ斎藤

マサ斎藤　まさ・さいとう■1942年、東京都生まれ。本名・斎藤昌典。東京オリンピック出場後、65年に日本プロレスでデビュー。66年、東京プロレスに移籍。67年4月からアメリカに渡り、サンフランシスコ版NWA世界タッグ王座、NWA・USタッグ王座、フロリダ・タッグ王座、WWE世界タッグ王座などを獲得、日本でもAWA世界ヘビー級王座、IWGPタッグ王座など数かずのタイトルを保持。バックドロップの名手で、アメリカではサイトー・スープレックスと呼ばれていた。99年2月14日、引退（対戦相手はスコット・ノートン）。信条は「Go for broke」（当たって砕けろ）。　18年7月14日、長年闘病を続けていたパーキンソン病のため死去。享年75。

証言 斎藤倫子

「ファンのみなさん、どうかマサ斎藤を忘れないでください」

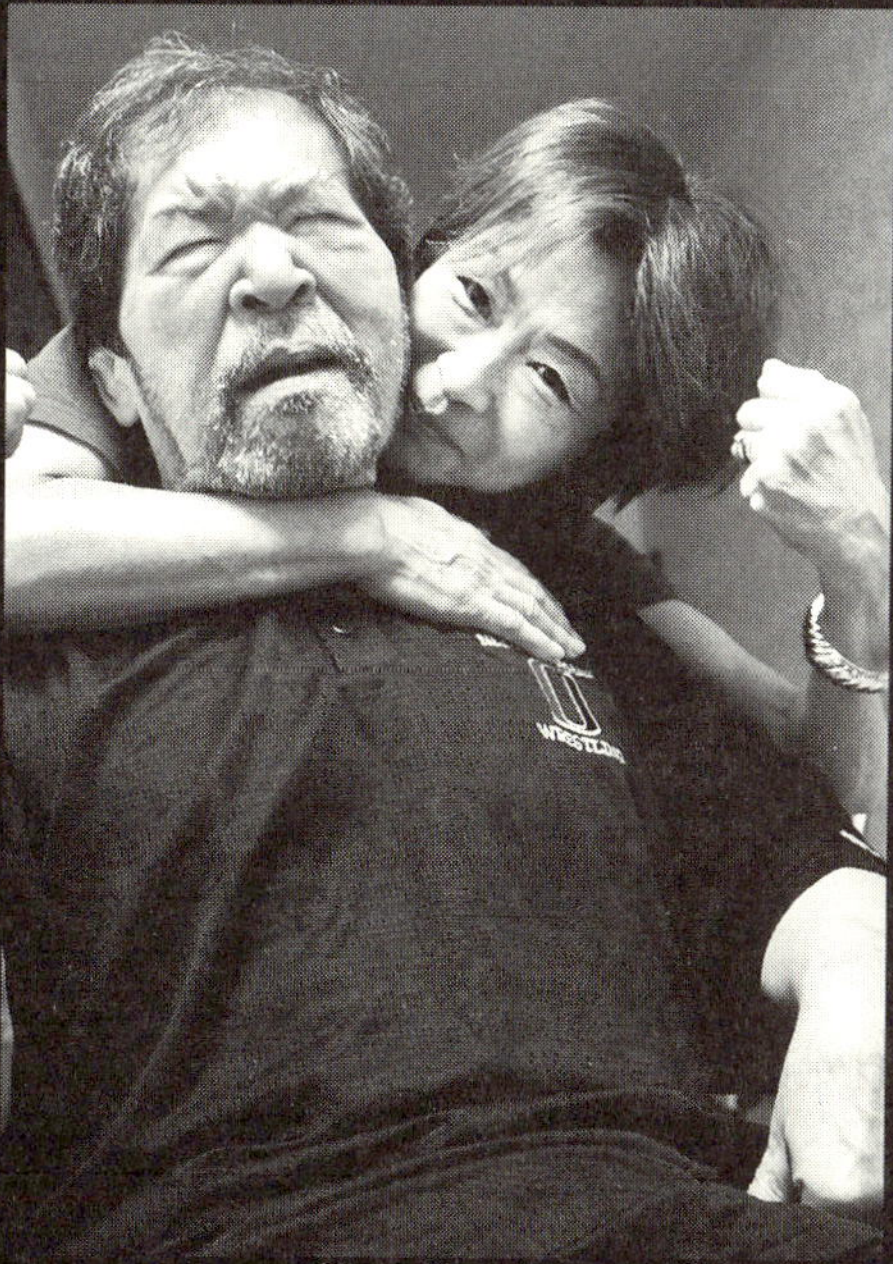

斎藤倫子　さいとう・みちこ●1950年、東京都生まれ。67年に高校2年生でアメリカに渡り、72年にユタ州ブリガム・ヤング大学を卒業。帰国後、フリー通訳、テレビリポーターを経て、(株)メディア・エスコート(現エムエム・サイトー)を設立。通訳、海外コーディネート(主にテレビ番組やイベント)、コンサルなどの業務を行う。94年にマサ斎藤と結婚した。

取材・文●堀江ガンツ

長年、パーキンソン病と闘っていたマサ斎藤さんが、昨年7月14日の未明に亡くなった。75歳だった。

プロレス入りする前、1964年の東京オリンピックにレスリング重量級日本代表として出場しているマサ。2020年の東京オリンピック開催が決まると、かつて自分が青春のすべてをぶつけた舞台に再びなんらかの形で関わることを目標に、厳しいリハビリを続けてきたが、その思いは結実することはなかった。

たくましい男の代名詞的存在だったマサを病が襲ったのは99年のこと。

長年、アメリカマットで一匹狼として活躍してきたマサは、80年代後半から日本に定着し、アントニオ猪木との〝巌流島の決闘〟に代表されるライバル抗争を展開。

その後は現役レスラーとしてだけでなく、新日本プロレスの外国人ブッカー（渉外担当）としても手腕を発揮し、ビッグバン・ベイダー、スコット・ノートンらを発掘。99年2月の現役引退後はブッカーに専念し、さらなる活躍をしようとしていた矢先のことだった。

倫子夫人はある日、マサに「俺の顎、震えてない？」と聞かれたという。

「私は言われるまで気づかなかったんですけど、よく見たら唇が微かに振動してたんです。最初はとくに気にもしてなかったんですけど、しばらくすると震えが大きくなり、スムーズに話せなくなって、試合の解説を担当していたテレビ朝日の方からも『マサさん、もう少しハッキリ話してください』って言われるようにもなって。それでマサさんは自分から解説を辞退したんですけど、そこからだんだん悪くなっていったんです」

震えが始まってからも、しばらく病名はわからなかった。国内の病院を転々としたのち、nWoスティング（ジェフ・ファーマー）の兄がハーバード大学病院でも有名な医師だったため、神経内科の名医の予約を取ってもらい、アメリカに飛んだが、そこでもわからない。結局、ハーバードからの紹介で、都内の難病専門医院でパーキンソン病だということがわかるまで1年以上がたっていた。

原因は、長年アメリカでスーパーヘビー級相手にバンプ（受け身）を取り続けたことで蓄積した脳へのダメージだった（大脳基底核変性疾患）。またレスラーの常備薬ともいうべき、強い鎮痛剤の影響も指摘された。

いきなり新日本で窓際に行かされた

こういった諸々の要因が重なったうえでの発症だったが、倫子夫人は「その症状の悪化が早まったのは、マサさんが生き甲斐を失ってから」だと語る。

「90年代にマサさんが新日本でやっていた海外との渉外という仕事は、すごくうまくいってたんですよ。新しい外国人レスラーを発掘する仕事も、ブラッド（・レイガンズ）とガッチリとタッグを組んでやっていました。

まずブラッドが推薦するレスラーのビデオテープを送ってきて、そこからマサさんがダイヤモンドの原石を見つけるんです。そうやって選ばれたレスラーを、さらにマサさんとブラッドで日本向けに鍛え上げる。スコット（・ノートン）を始めとしたレスラーたちは、そうやって日本で成功していったんですよね。

また、ＷＣＷとのいっさいを行っていたのもマサさんです。向こうでマサさんは誰からもリスペクトされていて、エリック（・ビショフ＝ＷＣＷ副社長）は『マサの知識と人格を信頼しているから、安心してビジネスを進められるんだ』と言っていました。そうやってエリックとは家族ぐるみでお付き合いして、ＷＣＷとの仕事も本当にうまくいってたんです」

しかし、98年ごろからＷＣＷはＷＷＥに押され、徐々に経営が悪化。そして99年9月にエリック・ビショフが業績不振を理由にＷＣＷを解雇されてしまい、同時に新日本とＷＣＷの関係もそこで終わってしまったのだ。

「マサさんはＷＣＷがあんなことになるとは思ってなかったんですよ。99年2月に現役引退する時も、ＷＣＷとの仕事は今後も続くから寂しくないっていう気持ちも大いにあったと思います。

ところが、ＷＣＷがあんなことになって、エリックもいなくなったことで、その仕事を進めていたマサさんは、新日本でのすべての仕事において蚊帳の外に出されてしまったんですよ。いきなり窓際に行かされて、外国人選手と現場を主としてきたマサさんにとって、実に過酷な配置転換でした。

ブラッドなんかは怒って、『マサがキックアウトされるんだったら、僕も新日本を辞める』って言ったんですよ。その時にマサさんは、『いや、稼げるときに稼げ。俺のために辞める必要はない』って、なだめてたんですけどね。

あそこから、パーキンソン病の症状は急激に悪化してしまったんです。だからのちにマサさんは、『あの時WCWが倒れてなかったら、俺はこんな地獄を見なかった』って何回も言ってましたね」

この新日本による〝マサ外し〟の兆候は、実はそれ以前から見受けられたという。

「ああなる前に、エリックから『ミチ（倫子夫人）、気をつけなさい。なにか新日本の動きがおかしいよ。この頃、マサを通さずに、新日本のスタッフからこっちに直接電話がかかってくるようになっている。マサはこの業界でも稀な誠実な人物だ。僕はマサと一緒に仕事をしたい』っていう警告も来てたんですよ。そう言ってきて間もなく、WCWもおかしくなっちゃったんですけどね」

こうしてマサが窓際に追いやられ、代わりに渉外の仕事をするようになったのは新日本の社員で、もともとマサの部下だった人物。しかし彼は、アメリカでの信用などあるはずがなく、日常会話程度の英語ができても、仕事レベルでは不可能。そのため、ブラック・キャットが通訳に付くなど、適材適所とは言えないものだった。さらに00年にはサイモン・ケリー猪木が長州力に代わりチーフブッカーに就任した。

そして新日本で居場所を失ったマサは、同じくポジションを奪われた長州の誘いにより、新日本を離れＷＪプロレスに移ることとなる。つまり00年前後に起こった、新日本社内の混乱の被害者でもあったのだ。

マサはプロレスに飢えていた

その後、ＷＪプロレスはわずか1年で崩壊。マサはそのショックからか、パーキンソンの症状が一気に悪化、1日に何度も発作が起こるようにもなってしまったのだ。

「マサさんは、自分の人生からプロレスを切り離されるとは思ってもみなかったと思います。それで一時はうつのような状態になってしまったんです」

そんな時、マサを〝親父〟と慕っていた佐々木健介が05年11月に健介オフィスを立ち上げた際、選手アドバイザーとして若手の育成を要請され、これによってマサは救われたという。

「最初はコーチを断ってたんですよ。『プロレスは教わるもんじゃない、盗むものだ』って言ってね。でも、健介さんに熱心に誘っていただいて、それでようやく引き受けることになったんですよ。そこからマサさんは元気になったんです。

とにかくマサさんはプロレスに飢えてたんですよ。健介オフィスの選手たちは、それこそ自分の孫みたいな世代ですけど、プロレスラー同士、そんなの関係なく一緒に練習してましたね。だからあの頃は調子もよくて、一応、杖は持っていましたけど、おもちゃのように振り回して、それはうれしそうに道場に通っていましたからね」

しかし、その健介オフィス（ダイヤモンドリング）も15年に団体としての活動を終了し、道場も閉鎖。マサは再び生きがいをなくしてしまった。

進行性の病であるパーキンソン病は、その後もマサの体を蝕み続け、徐々にトイレに行くのにも夫人の介助なしでは不可能となっていった。また道場閉鎖以来、トレーニングの虫だったマサがジムからも足が遠のき、かつてあれだけパンプアップされていた120キロの肉体も、一時は60キロ台にまで落ちたこともあったという。

以前からあった発作の頻度は増し、一度発作が襲ってくると、全身の震えが止まるまで、嵐が過ぎ去るのを待つしかない。動かない体を動かそうとするリハビリは想像以上に過酷だが、1日怠ければ、それだけ病は進行してしまう。まさに終わりなき闘いが続いていた。

マサは、座右の銘である「Go for broke（当たって砕けろ）」の精神で病に立ち向かってきたが、パーキンソン病は、このマサのファイティングスピリットさえも容赦なく奪っていった。あのマサが無気力状態となり、人生を諦めたかのように表情もなくなっていったのだ。

立っているのもやっとのマサを海賊男が襲う

そんなマサに対して、倫子夫人は必死に檄を飛ばしたという。

「私も最初は『なんでやらないの?』『治りたくないの?』『ゴー・フォー・ブロークするんでしょ? いまのあなたは、ゴー・フォー・ブロークしてないよ?』って言ってたんですよ。でも、主治医の先生によく話を聞くと、それもパーキンソン病の症状のひとつだったんです。パーキンソン病の症状にはいろんな特徴があるんですけど、マサさんの場合は転倒しやすいことと、メンタル面ではモチベーションが上がらず、段取りがとれないというもの。だから、モチベーションが上がらない彼を責めるわけにもいかないし、パーキンソン病は本当に難しいんです」

マサのモチベーションをなんとか高めるために、様々なことが試された。施設内にマットを敷いて、体格のいい理学療法士を相手に軽いレスリングのスパーリングをするのもそのひとつ。すると、歩くのもままならなかったマサが、素早くバックを奪えるようになった。病で脳からの伝達はうまくいかなくても、体が覚えていたのだ。マサはやはり、根っからのレスラーだった。

さらに栃木県のリハビリ施設にいる際は、地元ローカル団体イーグルプロレスの道場も使わせてもらった。そのお礼として、マサはイーグルプロの選手たちに、臨時コーチも買って出たという。リングにいる時のマサは、病院やリハビリ施設内にいる時のマサとまったく違ったのだ。

やはり、マサが病に立ち向かうためには、どうしてもプロレスの力が必要。そんな時、元新日本取締役の上井文彦からマサにオファーが届く。大阪でマサを応援するための興行を行うので、リングに上がってほしいというものだった。

「その話が来てから、マサさんはリハビリにしてもなんにしてもすごく前向きになったんですよ。

リングに上がる自分の姿を想像して、興奮してきたんでしょうね（笑）。それで主治医の先生に『主人にとっては二度とないチャンスなので、ぜひ大阪に行かせてください。上がらないモチベーションも、これによって上がると思います』ってお願いし、外出許可をいただいたんです」

16年12月2日、大阪・城東区民センターで行われた上井主催興行『STRONG　STYLE　HISTORY～Go　for　Broke！　Forever！～』のメインイベント終了後、マサは久しぶりにリングに上がった。

この時のマサは、すでにパーキンソン病が進み、普段は立ち上がるのも一苦労の状態。それでもファンの前で挨拶をするために、花道の奥で車椅子を降り、自分の足でゆっくりとリングに向う。そして言葉を絞り出すように挨拶を始めた。

すると、そこにホッケーマスクを被った〝海賊男〟が突如として乱入してきた。海賊男といえば、87年3月26日に大阪城ホールで行われたアントニオ猪木vsマサ斎藤戦に乱入し、暴動騒ぎを起こした張本人。その因縁の相手が、再び大事なイベントをぶち壊しにやって来て格好だ。

海賊男は、立っているのもやっとのマサに対し蹴りを入れ、さらに凶器の傘で容赦なく攻撃を加えた。状況を理解した客席から、期せずして「サイトー」コール、「ゴー・フォー・ブローク！」コールが巻き起こる。

その声に応えるようにマサは何度蹴られても自力で立とうとする。そしてついに立ち上がり、チョップで海賊男をなぎ倒すと、強烈なストンピングを連発。たまらず海賊男がマスクを取ると、その正体は武藤敬司。マスクを被って大先輩の〝対戦相手〟を買って出たのだ。そして両者はガッチリと抱き合った。

動けないはずのマサの奮闘は大きな感動を呼んだ。ファンの声援を受けて立ち向かうことで、根っからのレスラーであるマサの本能を呼び起こした。〝リングの魔力〟はたしかに存在したのである。

さよならも、ありがとうも言えなかった……

しかし、厳しいリハビリはその後もずっと続くものだった。進行性の病であるパーキンソン病との闘いに終わりはなかった。薬の副作用でうつ状態になることもあり、とにかくリハビリに対するモチベーションを保つことが大きな課題だった。

そんななか、18年の夏前に上井から「来年2月、またリングに上がりませんか?」というオファーが来た。この連絡を受けて以来、マサは再びリハビリに前向きになり、翌年2月の〝復帰戦〟に向けてコンディションをピークに持っていけるようなトレーニングスケジュールが組まれた。

すべては順調に進んでいる、そう思われた矢先にマサの体調は急変してしまう。

18年7月13日の夜、集中リハビリの施設から倫子夫人の携帯電話に緊急連絡が入った。

「仕事も辞め、マサさんと一緒に闘病していた私はいつも夜になると心身のリハビリで、近くの温泉施設に行ってたんですよ。そこで浄化され、毎日をリセットしていたんです。その日も例に漏れず、そこの温泉に行ってたんですけど、いつもなにかあったらいけないと思って、ケータイは留守番電話にして、浴室中も頻繁にチェックしてたんですね。それで何年も緊急連絡なんかなかったんですけど、その日は浴室から出てケータイをチェックしようとした瞬間、リハビリ施設から電話がかかってきて、『奥さん、マサさんが急変しました！　早く来てください！』とだけ言うと電話が切れたんです。

でも急変もなにも、このところ体調はよかったし、その2日前には元気に取材にも応じているので、まさか命にかかわることだと思いませんでした。以前、マサさんは薬の副作用で幻覚に苦しんでたことがあるから、幻覚かなにかが起こって、マサさんが暴れちゃったりでもしたのかなって思ったんです。それでも施設側のパニックぶりを察し、ジーパンにゴム草履そのままの格好で施設に向かったんですね。それで、まだ行き慣れない場所で、ナビもうまく作動しなくて、余計に時間がかかりながらようやく到着して。車をパーキングに停めた時、ちょうど救急車が来たので、『これは絶対にマサさんだ』って直感したんです。

それで私もパーッと駆けて行って、『斎藤昌典ですよね？』って聞いたら、『奥さんですか？まずうかがいますけど救命処置をやりますか？』って聞いてきたので、私は動転する間もなく、しっかりと言いました。『もちろんです！　できることをすべてやってください！』と、そして救急隊員と一緒に部屋まで上がったんですよ」

倫子夫人が救急隊とマサの部屋に入ると、ベッドに横たわったマサは心臓マッサージを施され、蘇生処置の真っ只中だった。すでに事は一刻を争うような状況となっていた。

「私はもうなにがなんだか全然わからない状況でした。マサさんの心臓はもう止まっていて、ピクともしないわけなんですよ。それで私は『マサさん！　マサさん！』って泣き叫んで……」

この時点で、すでにマサが心肺停止になってから、かなりの時間がたっていたという。

「それで病院に搬送されたんですけど、心臓は止まったままだったんですよ。それで『奥さん、もう心肺停止から1時間以上はたちますから……』って促されたんですけど、『私はまだまだ諦めたくはないです。私は奇跡を何回も見てます。奇跡は起こりますから』って言って。医師や看護師が病室からいなくなったあと、マサさんへの酸素吸入しか聞こえない、誰もいない救急室で、一人ぼっちで「マサ、ゴーフォーブロック！　私を置いていかないで！」と叫び続けました。

そのうち、私の妹や親友、それから健介さん、北斗（晶）さん、中嶋勝彦選手と健介オフィスの多田（有利子）さんが来てくれて。みんなで『マサさん、死んじゃダメ！　頑張れ、頑張れ！』って声をかけ続けたんですけど、日付が変わって14日の1時になって、ドクターが『そろそろすみません』っていう感じで、『奥さんができないのであれば、代理の方でも結構ですので確認してください』って言われた時、ハッと我に返って、『これは私がやる仕事だ』と、（臨終を）受け入れたのが1時5分だったんです。だから（死亡日時は）7月14日になってるんですけど、実際は13日だったんですよね」

マサはふらりとサーキットに出るかのように、突然、旅立ってしまったのだ。

「私は正直、初期対応の部分で不満はあるんですけど、それをぶつけたところでマサさんは戻ってこないので。それなら波風立てるのはよくないし。私は気持ちの中で割り切ろうって。

唯一の救いは、マサさんが本当に眠るようにおだやかな顔だったことですね。尊敬する医師に『苦しんで亡くなったら顔に出るから、苦しまなかったんでしょう』と教えていただきました。それだけはよかったなと思うんですけど。私がいちばん無念に思うことは、こんなに早く逝ってしまうなら、もっと医師から禁止されていたことなど無視して、マサさんの好物をたくさん食べさせて、一緒に楽しいことばかりしたかったです。そして、マサさんとの出逢いに感謝し、心から愛していることを、笑顔で語り合っていたかったです。いくら悔やんでも、後悔は尽きませんね」

18年もの長き間、難病と闘い続けてきたマサ。それを支え続けた倫子夫人と結婚したのは94年であり、24年間の結婚生活で4分の3が闘病生活だったこととなる。

「本当は、絶対にマサさんの病気を治して、2人で幸せな老後を送ろうって言ってたんです。でも、それが叶わなくなったいま、私の望みは、とにかく一日でも長く、1人でも多くの方に『マサ斎藤』っていう名前を覚えていてもらいたい。そのためにできることをやるのが、私の使命だと思っていますから。ファンのみなさんにも、どうかマサ斎藤を忘れないでください、そう伝えたいですね」

ジャンボ鶴田

ジャンボ鶴田　じゃんぼ・つるた■1951年、山梨県生まれ。72年のミュンヘンオリンピックのレスリンググレコローマンスタイル最重量級代表を経て、全日本プロレスに入門。ジャイアント馬場に次ぐナンバー2として活躍。76～78年には3年連続でプロレス大賞年間最高試合賞を受賞。80年代後半になると「天龍同盟」を結成した天龍源一郎と抗争を展開し、「怪物」としての評価を高める。89年には初代三冠ヘビー級王者に。90年の天龍のSWS移籍後は、三沢光晴、川田利明らの「超世代軍」と激闘を繰り広げた。92年11月、B型肝炎を発症したことを公表し、長期入院に。99年2月20日、引退を発表。00年5月13日、フィリピンでの肝臓移植手術中の大量出血によりショック症状となり死去。享年49。

証言 川田利明

「鶴田さんは、どんなスポーツをやっても成功する化け物」

川田利明　かわだ・としあき●1963年、栃木県生まれ。足利工業大付高レスリング部時代はインターハイ準優勝、国体優勝など活躍。82年、全日本プロレス入り。87年の「天龍同盟」入り以降、頭角を現す。90年代に入ると、激しい技の応酬で「四天王プロレス」時代を築いた。2000年の大量離脱後も全日本に残留し、ノア、新日本、ハッスルなど各団体に参戦。現在は、飲食店「麺ジャラスK」を経営。

取材・文●丸井乙生

最強のプロレスラーは誰かという問いに、必ず名前があがる選手がいる。

ジャンボ鶴田。

アマチュアレスリングでミュンヘン五輪出場を果たした1972年、中央大学法学部政治学科在学中に全日本プロレスに入門。80〜90年代にかけてジャイアント馬場とともに全日本をけん引し、スター選手として活躍した。92年に肝炎を患って以降はスポット参戦にとどまったが、筑波大大学院に進学して母校・中央大、慶応大、桐蔭横浜大で講師を務めるという異色の経歴をたどった。引退後の2000年、肝臓移植手術中に出血多量のショックで他界した。

もし、鶴田が肝炎にならなかったとしたら。もし、手術が成功していたら。

「たら・れば」に思いを馳せずにいられない巨星について、全日本時代から自身も様々な「もしも」を抱える川田利明に聞いた。

鶴田さんがやる〝かわいがり〟は嫌じゃなかった

東京・世田谷通り沿いの飲食店「麺ジャラスK」。川田が自ら包丁を握って10年に開店して以来、19年で10年目を迎える。激しい技の応酬で一時代を築いた元四天王はリング上では無骨なイメージを貫いたが、素顔は芸達者な一面を持つ。栃木・足利工業大付高レスリング部の寮生活から料理人生が始まり、全日本入門後にはカレー味のオリジナルちゃんこ鍋を編み出した。現在、店の看板メニューには「カレー白湯ら〜めん」が名を連ねる。

ランチ、ディナータイムの合間に訪れる仕込み時間を割いて答えてくれた。

「鶴田さんの息子さんのＴｗｉｔｔｅｒもたまに見てるよ。この前（19年2・19両国国技館の）ジャイアント馬場さん追善興行に息子さん、出て来てほしいなと思っていた。外国人選手がたくさん来ていたでしょ。あの選手たちと多く関わっていたのは鶴田さんだったから」

2人が育った全日本は72年10月、日本プロレスを離脱したジャイアント馬場が旗揚げ。その10日後には同年ミュンヘン五輪にレスリングで出場したばかりの鶴田友美（当時）が入門し、大きな話題を呼んだ。

鶴田は修行先の米国から帰国してリングネームを「ジャンボ鶴田」とし、前身ごろが赤、お尻部分は青色を基調に星をあしらったショートタイツを着用していた。

ちょうどその頃、川田は栃木県在住のいち中学生。プロレスにはまったく興味を持っていなかった。

「プロレスは嫌いだった。俺はドリフが見たかったから」

毎週土曜夜8時。当時は全日本の中継番組が日本テレビで放送されていた。川田は大人気だったコントグループ「ザ・ドリフターズ」によるＴＢＳ『8時だョ！全員集合』が楽しみだったが、祖父がチャンネル権を持っていたため、仕方なくプロレスを見ていた。その時、初めて目にした試合がジャンボ鶴田vsミル・マスカラスだった。

「プロレス＝汚いというイメージを持っていたんだけど、こんなにさわやかなプロレスがあるのかとビックリした。それまでのプロレスラーは強くてごつくてモンスターみたいな選手が多かったなかで、さわやかなイメージを出し始めた選手は藤波（辰爾）さんよりも先だったよね。当時はそういうレスラーがいなかった。それまでのレスラーでは怖さをイメージさせることが仕事だったけれど、鶴田さんはプロレスラーに〝カッコいい〟をイメージさせた。星が入った赤と青のパンツなんて、鶴田さんが初めて。

ジャイアント馬場さん、アントニオ猪木さん以外で大きなスポンサーのテレビCMに出ていた選手は鶴田さんくらいだったでしょ。鶴田さんが入ってきたことによって、そういうレスラーも増えた。いまはビジュアル系のレスラーばかり多くなってきた。ビジュアル系じゃないと、お客さんを呼べない。最近は、体はそんなに大きくなくてもいいから、テレビ映えするような選手をという傾向になってきた。時代もそう変わっている」

鶴田に魅せられた野球少年は中学3年の時に新日本プロレスの入門テストに合格した。高校だけは卒業してほしいという母の願いを聞き、高校はアマチュアレスリングの名門校に入学。1学年上の三沢光晴と出会った。先に全日本入りした先輩の背中を追い、卒業とともに入門を果たした。

「鶴田さんに最初に会ったのは、プロレスに入る前。高校のレスリング部が国体で終わったあと、三沢さんが『うちに来るか？　後楽園に来いよ』と言ってくれて。後楽園ホールの非常階段に鶴田さんが来てくれた。緊張したよね。『卒業したら来いよ』みたいなことを言われた。憧れた人に会えて、ちょっと話ができたという感じ」

兄貴分の三沢が鶴田さんの付き人を務めていたことから、地方巡業の際に一緒に出かけたことがある。

「威圧感を感じさせるような先輩じゃなかった。たとえば、天龍さんのような豪快さとは真逆の人物。プロレスでは豪快さが目立ったり、伝説になったりするような人が多いけれど、鶴田さんはもともと大学からプロレスに入った人だから、ある意味、普通だったのかなあ。練習でいわゆる〝かわいがり〟があっても、鶴田さんがやることは全然嫌じゃなかった。体力をつけさせるための内容だと感じたから。鍛えてくれているという感覚」

でっかい外国人選手を手のひらの上に乗せて遊んでいた

山梨県出身の鶴田は少年時代、新聞配達で毎朝山道を駆け回ったという。64年東京五輪に際して中学生時代に地区の聖火ランナーを務め、五輪出場が大きな目標となった。日川高校時代はバスケットボールで活躍して中央大学に入学したが、バスケでは五輪出場ができない可能性があると判断。選手層が薄かったアマチュアレスリングの重量級へ転向した。体育会の大学生が競技を変えて五輪出場に挑むこと自体が仰天プランだが、大学4年の72年全日本選手権でフリースタイル、グレコローマン両部門を制し、同年ミュンヘン五輪代表に選出された。
帰国後は父が他界し、実家の経済状況を考えて秋には全日本入り。会見の席上で「就職」という言葉を用いたことで、新しい概念を持ち込んだ。卒業式を終える前の73年に米国へ旅立ち、同年3月に米国でプロレスデビュー。外国人選手との対戦を重ね、満を持して帰国した。

「バスケットボール選手なのに、短期間練習したらオリンピックに行っちゃった……って、普通だったらほかの選手がどんだけ弱いんだって話になるよね。でも、これは鶴田さんがどんだけすごいんだって話。普通じゃ考えられない。ああいう人は最初で最後だと思う。前にも後にも出てこない。人間は普通、持久力があれば瞬発力がない、もしくは瞬発力があれば持久力がない場合が多いじゃゃない。両方兼ね備えて、しかもあの体の大きさでしょ。だから、誰がやったってかなうわけがない。でっかい外国人選手とやっても、手のひらの上に乗せて遊んでいたようなものだから。それぐらいすごかった。いやあ、ホント。長州さんと60分フルタイムの試合やって笑ってたくらいだからね」

国内デビュー戦は73年10・6後楽園ホール。以降は師匠である馬場と組んでUN王座、世界最強タッグリーグ戦制覇など着実に実績をあげ、80年5・1福岡ではチャンピオン・カーニバル初優勝、そして83年8・31蔵前国技館ではインター・ヘビー級王座を奪取した。

85年11・4大阪城ホールでは、前年に参戦してきた当時ジャパンプロレスの長州力と初のシングルマッチで激突した。ラリアット相打ち、大技の応酬の末に60分フルタイムドロー。ぐったりの長州に対し、鶴田はコーナーポストに上がって両腕を掲げる余裕ぶりだった。当時ジャパン軍だった谷津嘉章は「長州は『あいつ、すげえなあ』って驚いていた」と振り返った。

鶴田さんの歌は、いい意味で藤波さんとライバル

全日本の歴史を紡ぐ「三冠」ベルトは鶴田が統一した。89年4・18日東京大会でインター王者としてUN、PWF両王者のスタン・ハンセンに勝利を収め、統一王座の初代王者となった。翌90年に天龍源一郎らがSWSへ移籍する大量離脱が起こり、鶴田は全日本を守るという意識を高めていった。

川田はのちに三沢光晴と名勝負を繰り広げるが、91年10・24横浜文化体育館で鶴田が保持する三冠に初挑戦が決まった。

「あの時ねえ……。いろんなプロレスラーが大事な試合の前に『熱を出してどうのこうの』とか説明する言葉を聞くと、いつも『もっとしっかりしろよ、大事な試合前になんで風邪ひいたとか言ってんだ』と思っていたんだけど、実際に俺がそうなった。三冠戦は（体温）38・5度ぐらいで試合してたの。初めて鶴田さんと三冠戦をやれる！　頑張らなきゃ！　という時にそうなっちゃって。ホント、自分が情けなくて。いろんなプレッシャーで体が弱っていたところに菌が入ってきちゃう、そういうことがあるのかなって。あの試合は忘れもしない。どうしよう、なんとか

熱を下げなきゃと思って、試合前にたくさんウオーミングアップして汗を出すようにしたら、余計体が弱っちゃって」

いざ試合を始めると、体調の問題以前だったことを川田は痛感した。

「俺はどうやっても遊ばれているようなものだった。そんなことはほかのレスラーには言ったこともないし、感じたこともないけれど、20年近く前の試合のビデオを観ると……やっぱり遊ばれているよ（笑）。鶴田さんは全部が余裕なのよ。体力の差。仮にそうじゃないとしても、あの体の大きさだから」

19分5秒、バックドロップホールドで3度目の防衛を許したが、川田は栄えある三冠戦に挑んだことでトップレスラーとしての道を歩み始めた。

「ほかに印象に残っている試合は谷津&鶴田組戦で、ジャンピングニーをもらって頬骨を陥没骨折したことかな。その年は陥没したまま、タイトルマッチに出たんじゃなかったかなあ……。

試合から帰ってきて、血だらけだから鼻をかんだら、空気でブクブクって顔がふくれた。病院に行ったら、湿布を貼られただけで帰ってきた。あまりに状態がおかしいから東京で病院に行ったら、陥没してますねって。俺に（ジャンピングニーを）やる時は、膝を前に突き出してきたから。いやあ、すごかった、鶴田さんはホントに。すごかったのは……全部じゃない？　やることなすこと、全部が一番なんだもの」

心技体、すべてが揃った圧倒的レスラー。1つだけ弱点があるとすれば「歌」だったという。

当時はフォークソング全盛期で、鶴田はギターの弾き語りでチャリティーコンサートに参加したことがあった。

「新宿あたりでコンサートをやった時は、三沢さんと俺が付いて行った。よく天は二物を与えずと言うでしょ。それまでは鶴田さんには全部与えたんだなって思っていたけれど……。唯一、音程は与えなかったんだなあと思った（笑）。レコードを出した頃にはうまくなっていたよ。いい意味で藤波さんとライバルかなって」

「ジャンボはダメかもしれないから、お前、もっと頑張れ」

鶴田の三冠に挑んでから1年後の92年秋頃、馬場から東京・永田町のザ・キャピトル東急に呼び出された。馬場から「ジャンボはダメかもしれないから、お前、もっと頑張れ」と激励された。当時はなにを意味することかはわからなかった。

「あとから思えば、肝炎のことだった」

鶴田は92年夏に肝炎で一時入院。当時はかん口令が敷かれ、所在が公表されない時期が続き、10・21日本武道館を最後に休養に入り、翌11月には再入院した。同年12月に川田が三沢とのコンビで世界最強タッグリーグ戦初優勝を飾るなど、徐々に四天王時代の幕開けが近づくなか、7カ月に及ぶ入院生活を送り、93年6月に退院した。10・23日本武道館の6人タッグマッチで367

日ぶりに復帰したが、試合後には病状を示す数値が悪化するなどコンディションは上がらず、徐々にスポット参戦にとどまっていった。

94年秋には、日本人プロレスラーとして初の大学院合格を果たし、筑波大でコーチ学を研究し始めた。在学中の96年4月には慶応大、桐蔭横浜大の非常勤講師に就任し、リング外での活動が広がっていった。

一方、全日本のリング上では川田が三沢とのライバル名勝負を紡ぎ始めた。94年は春のチャンピオン・カーニバルで日本人選手として3人目となる初優勝を飾り、6・3日本武道館で三沢の三冠王座に挑戦した。高角度式のタイガードライバー'91で沈んだが、2人の激闘は鶴田不在の全日本マットを熱くした。

「鶴田さんは当時もよく後楽園に来て、シャワーだけ入って帰ってた。『なぜシャワーを?』と思っていたけれど(笑)。たまに『話を聞かせてくれよ』と俺たちにアンケートを取ったりしていた。スポーツの研究に使う内容。もともと勉強熱心な人だったと思うけど、体を壊して筑波大に行くようになってから、より頑張っているような印象があった」

99年。全日本は激震に見舞われた。創業者である馬場が1月31日、肝不全で他界した。61歳の若さだった。2月には鶴田が引退を発表し、米国のオレゴン州立ポートランド大学で教鞭をとることを発表した。引退会見では馬場から73年にプレゼントされたピンクのネクタイを締め、団体の行く末を三沢に託した。しかし、00年5月14日未明、鶴田は肝移植手術に臨んだフィリピン・

マニラで大量出血のショックで急逝した。三沢は馬場元子夫人と方針が折り合わず、翌年6月に退団して新団体「プロレスリング・ノア」の設立を発表した。わずか、1年4カ月の間に、全日本を取り巻く環境は激変してしまった。

「馬場さんはものすごく鶴田さんをかわいがっていた。馬場さんは体の大きい人が好きだったから。もし、鶴田さんが生きていたら、なにかが変わったかもしれない。馬場さん、鶴田さんが2人とも、引退しても揃っていたらプロレス界はいまのような流れにはならなかったんじゃないかと思う」

プロレスラーの常識とはまったく別な方向を走った人

選手の大半が三沢に追随して退団した一方、川田は渕正信とともに残留した。00年6月18日、鶴田のメモリアル献花式が東京・青山葬儀所で執り行われた。翌19日に川田は神奈川・横浜市の合宿所で会見に臨み、団体の存続を宣言した。

以降、新日本、ZERO－ONE（当時）、ハッスルなど各団体にも参戦し、05年にはノアの7・18東京ドームで三沢と5年4カ月ぶりに対戦した。09年に三沢が亡くなってからは、新日本の10年8・15両国国技館大会6人タッグマッチに出場して以来、レスラーとしては休業状態に入り、「麺ジャラスK」の経営に専念している。

鶴田のような選手は今後、プロレス界に現れるだろうか。

「現れない。仮にもし、いたとしても、別のメジャーなスポーツに行っていると思う。最近のプロレスラーは細くて小さい選手が多い。もし、あんな人がいたらメジャーなスポーツでお金を稼ぐはず。あれだけ才能、体力、身体、プロレスラーとしてのものを全部持っている人はプロレス界に出てこない。それぐらいリング上では化け物だった。

よく、ケチだケチだとみんなに言われたけれど、お金に対しても堅実だったということ。全日本のレスラーで、あれだけの豪邸を建てた人なんていないだろうし。馬場さんの次くらいにすごい家だった。豪快さをウリにしているプロレスラーではなく、不動産に興味もあって、お金を増やすことに興味を持っていた。破天荒とか伝説とか、それまでのプロレスラーの常識とは、まったく別な方向を走った人だった」

飲食店の経営に専念する川田の体重は現役当時最重量の115キロから30キロ以上減った。鶴田、三沢、若かりし頃にコンビ「フットルース」を組んだ冬木弘道、ノア移籍後に店をよく訪れてくれた永源遙……。肌を合わせた選手たちは年々1人去り、2人去り。プロレス黄金時代を知る者が旅立っていく。

「永源さんも、亡くなる数日前にはうちの店に来てくれて元気いっぱいで会ってたんだけど……。みんな亡くなるたびに寂しくなる。50歳過ぎた頃から、とくに思うようになった」

不世出のレスラー、ジャンボ鶴田は49歳で早逝した。もしも、あの時、なにかが違っていたら……。
残された者は「たら・れば」を胸の内に留め、自分の選んだ道を黙々と進むしかない。

証言

鶴田保子

「全日本に入れて、いい会社に就職できて、僕は幸せだった」

川田利明の取材を終え、本書の締め切りも目前に迫った時期、取材を人づてにお願いしていたジャンボ鶴田夫人の保子さんから連絡があった。米国オレゴン州在住の保子さんは、電話取材に応じてくれることに。時間がない状況だったが、このありがたい申し出を受け、急遽、ジャンボ鶴田に対する保子さんの思いを一問一答の形で掲載したい。

――川田さんはジャンボ鶴田さんに憧れてプロレスラーになったそうです。

保子夫人　ありがとうございます。川田くんは昔、私たちが結婚した当初、自宅マンションに三沢くんと一緒に遊びに来てくれたことがありました。礼儀正しくってねえ。すごくやる気があって、プロレスラーとしては体が小さかった分、人一倍頑張って一生懸命真面目にやる選手だったと思います。

――鶴田さんの生体肝移植は当時、難しい選択でしたか。

保子夫人　主人は母子感染のB型肝炎ウイルスキャリアでした。発病しないまま老衰などで亡くなる方も多いなか、当時の主治医の先生がよかれと思ってインターフェロン療法でウイルスを叩き始めたら、どんどん体が弱くなりました。

寝た子を起こした状態になってしまったんです。ポートランド大学の教授就任で米国に来るまでは、生体肝移植することは考えていませんでした。体調が悪いなか、渡米すること自体、私は反対したのですが、主人はチャレンジ精神が旺盛な人だったので、筑波大学の大学院で勉強したことを生かしたかったんだと思います。

渡米後はやはり無理がたたって体調が悪くなり、米国で「生体肝移植したらどうですか？」と言われました。肝臓治療に実績があった岐阜の病院で豪州に行くことを勧められ、豪州でドナー提供の順番を待っていました。その時に、フィリピンで肝臓移植をして助かったお医者さんの方が病室にいらして、フィリピンのことを教えてくれたんです。こういった流れがあって、フィリピンで移植手術を受けることになりました。

――鶴田さんの死因は、大量出血によるショックでした。

保子夫人　肝臓が悪くなると、小さい血管がつくられてしまうんだそうです。手術して開けてみたら、思った以上に新しい血管がつくられすぎていて、それを繋ぐのに時間がかかり、どんどん出血量が増えてしまったんです。

――鶴田さんに関して、保子さんも「たら・れば」を考えたことはありますか。

保子夫人　この10年で医療は発達して、いまだったら5～6時間で終わる手術です。いまの私なら主人を助けられたし、もし10年遅く発病していたら長生きできたかなあ、とは考えますよね。

亡くなってから数カ月はずっと同じ夢を見ていました。主人が出てきて、2人で「豪州がダメなら次の国へ行こう」「そうだね、行こう、行こう」と話して。そうすると主人が「僕、行けないよ。ごめんね、僕、死んでる」って答える……。

亡くなったことは、本人がいちばんビックリしていると思います。手術の成功率は96％と聞いていました。最初に電話で訃報の連絡があった時は「嘘でしょ」と思ったし、子供は「パパのドッキリだよ」と言っていたくらいです。私もまさか主人が亡くなるとは思ってなかったので、豪州からフィリピンへどうやって行ったのか、まったく覚えていないんです。

もし助かっていたら、第二の人生で、人の役に立てることをやりたいと言っていました。

――レスラーとしての御主人について思い出をお聞かせください。

保子夫人　華のある人でした。ジャイアント馬場さんは「レスラーは一般の人たちの中にいても、レスラーとわかる人じゃないと大成しない」と考えていたそうです。馬場さんもそうですし、レスラーとしての主人はオーラがありました。レスラーだけになれる人ではなく、どんなスポーツ選手にもなれる。これは本人も言っていました。「僕は体が柔らかいから」って。

――素顔の鶴田友美さんは？

保子夫人　恥ずかしがり屋で、目立つのが嫌な人でしたね。電車などの公共交通機関を使う時はいつも座っていました。立っていると目立ってしまうから。よくレスラーになれたなあと思うのですが、本人は「仕事として選んだから僕はやっている」と話していました。

一時期、手を抜いているんじゃないかみたいにバッシングされたことがありましたが、本人は一生懸命やっていたんです。

馬場さんは、主人からしたら神のような人でした。試合後、毎回コメントをもらっていたそうです。その時に「しょっぱい試合しやがって」と言われたこともあり、なかなか評価されないと、つらい思いもしたようです。馬場さんから電話がかかってくると、目の前にいるわけでもないのに、パっと立ち上がって直立不動で話すくらいでした。

――家庭での鶴田さんはどうでしたか。

保子夫人　33歳という当時にしては遅い結婚でしたが、律儀で家庭を大事にしてくれていました。巡業に行っても毎日電話をくれて、父としては百点満点。だから子供の成長を見ることができなかったのはかわいそうで、卒業式とか子供が節目を迎えた時は、分骨した主人のお骨、位牌を必ず持って行っていました。いまでは、3歳で米国に来た末の子供が大学を卒業しました。

主人に連れられて米国に来て、私はもうオレゴンに住んで20年以上です。そんなつもりはなかったので「まったく、もう！」と思いますよ（笑）。いつも、主人は「地球は教室だから」と言っていましたね。どこに行っても、どこで生きていても教室だから、と。

――最後に、鶴田さんはプロレスを選んで幸せだったでしょうか。

保子夫人　「自分の長所を生かせる仕事に就けてうれしかった」と言っていました。息子たちにも「長所を生かせる仕事をしなさい。自分の強みを自分で見つけて、それを生かす仕事をしなさい。だから、引き出しは多く持っておくんだよ」と。三沢くんにもよく言っていました。「レスラーを辞めてからの人生のほうが長い。だから、その時に人から後ろ指をさされないような人生を送らないといけないよ」って。

レスラーとしては、本当に恵まれた人生で、感謝だけだったと思います。「全日本に入れて、僕は幸せだった。いい会社に就職できて、幸せだった」と話していました。全日本で始まって、全日本で終われて、幸せだったと思います。

橋本真也

橋本真也　はしもと・しんや■1965年、岐阜県生まれ。中学時代に父親が失踪し、高校時代には母親も亡くす。84年、新日本プロレス入門。90年代に入ると「闘魂三銃士」として売り出され、「破壊王」の異名を得てトップレスラーに。IWGPヘビー級王座を20回防衛し、ミスターIWGPとして君臨した。99年の「1・4事変」以降の小川直也との抗争で新日本内の権力闘争に巻き込まれ、2000年に新日本を解雇。01年に新団体「ZERO－ONE」を旗揚げするも、04年に崩壊。長期療養中の05年7月、脳幹出血により死去。享年40。

証言 関係者X

死の直前、もう一度、故郷の新日本でやり直したかった橋本

関係者X　橋本真也のスポンサー関係者。プライベートビジネスをサポートし、個人事務所に出入りしていたことから、橋本の晩年時代をよく知る人間の一人。

取材・文●ジャン斉藤

1984年に新日本プロレスでデビューした橋本真也は、90年代に入り、武藤敬司、蝶野正洋と闘魂三銃士として人気を博し、プロレスブームを牽引する存在にまでなっていた。

新日本から独立後、2001年にZERO－ONEを旗揚げ。順風な船出に見えた橋本だったが、次第に団体経営は悪化していった。04年には右肩の手術のため、無期限休養に入り、さらに同年11月には、多額の負債によるZERO－ONEの活動停止を宣言した。

そして05年、長期リハビリ中だった橋本を悲劇が襲う。7月11日午前8時頃、横浜市内の滞在先で脳幹出血により倒れ、10時36分、搬送された横浜市内の病院で死亡が確認された。40歳だった。

橋本の葬儀に参加した堀江貴文

橋本真也は最後まで家族や仲間を求めて彷徨《さまよ》っていたようだった――と振り返るのは、晩年の橋本を近くから見届けていた関係者X氏だ。

「僕が橋本さんや冬木薫さん（03年3月に冬木弘道と死別）と関わるようになったのは、04年の春頃。その年の11月に橋本さんが代表を務めるZERO－ONEは活動停止に陥るんですが、その前のことですね。橋本さんのスポンサー筋から知り合って、橋本さんたちの仕事をお手伝いすることになりました。

その当時、橋本さんは前夫人のかずみさんとはまだ離婚されてなかったんですけど、交際中だった薫さんの家に住まわれていました。場所は横浜市内です。その薫さんの家の近くに自分の事務所としてワンルームマンションを借りて、個人マネージャーと事務の女性を雇っていました。その事務所ではプロレス以外の仕事を中心にやっていたんですが、変わったところでは健康食品の販売なんかも取り扱っていたりしていて、僕はそれらの仕事に関わっていたんです」

新日本時代から橋本のタニマチの多さは有名だった。各方面に顔が利くこともあり、様々なビジネス話が舞い込んできていた。関西の産業廃棄事業から東南アジアのゲームセンターの権利、のちにアントニオ猪木が大金を出資して失敗に終わった「永久電機」も当初は橋本に持ちかけられた話だったという。

「ZERO－ONE崩壊後、橋本さんは右肩を手術して長期休養に入っていましたけど、毎日忙しくされてましたよ。ひっきりなしに電話がかかってきて、毎日のように誰かと会っていて。橋本さんもいろんな人に今後のことを相談していたみたいです。ホリエモンさん（堀江貴文）とも会食する機会があったみたいで、そういった縁でホリエモンさんは橋本さんのお葬式にお見えになってましたね。

橋本さんはスピリチュアルなものも好きな方でしたから、その方面でも知り合いがたくさんいました。橋本さんがある宗教家と懇意にしていたのは有名な話ですよね。ただ、全面的に信頼していた人と、そうじゃない人は分けていました。橋本さんについた個人マネージャーは、もともとプロレス方面の人間で、当時橋本さんと折り合いが悪かったZERO－ONEの中村（祥之）さんとも知り合いだったので、プロレス方面の話はそのマネージャーに通していないこともあったみたいです。大事な話が中村さんに伝わるんじゃないかって危惧していたってことですね」

X氏も橋本から完全に信用されているわけではなかったが、仕事の関係でたびたび事務所に足を運んでいたこともあり、橋本のプライベートの顔を覗く機会は多くなっていった。

「橋本さんは右肩のケガと不整脈持ちだったこともあって、とにかく体調が悪かったイメージが強かったですね。ZERO－ONEの経営がうまくいってなかったことで精神的にまいっていた部分もあり、もうZERO－ONEは抱えきれない……と思っていたように見えました。

ZERO－ONEの経営がかなり危なかったこともあって、橋本さんは田町にあったZERO－ONEの事務所にはほとんど顔を出してなかったはずです。これはほかの関係者も言っていましたけど、橋本さんとZERO－ONEの関係の悪化は、コミュニケーション不足に尽きますよね。お互いが『こうなったのは向こうが悪い』と思い込んでいたというか。第三者だった僕の立場からすれば、一度ちゃんと話し合えばなんとかなったのではと、橋本さんが亡くなってから痛切に思わされました」

利害関係なく会える友達がいなかった橋本

自ら興した団体から距離を置くようになり、私生活では離婚の話し合いの真っ最中。公私ともにがんじがらめになっていた橋本は、それまでの繋がりを捨て去り、〝新しい家族〟をつくろうとしているかのようだった。

「薫さんのことは本当に愛していましたね。いつも一緒にいました。冬木弘道さんの団体に所属していた金村（キンタロー）さんや黒田（哲広）さんは、薫さん側の人間ということで信頼しきってる感じでしたし、頼りがいのある親分を目指している姿勢が見えました。それは面倒見がよかった新日本時代と同じですよね。一緒にいて安らげる仲間を欲していたというか。

これはマネージャーから聞いた話なのですが、居酒屋で橋本さんとマネージャーが飯を食っていたら、マネージャーのほうがベロンベロンに酔っぱらっちゃって、自分の友達を呼び出して橋本さんとのツーショットを撮ったりしたらしいです。翌朝正気に戻ったマネージャーが橋本さんに『昨日はどうもすいません！』と謝ったら『ええんや、ええんや。友達と酒を飲むのはああいうことやろ。……俺にはもう利害関係なく会える友達がいないからうらやましいよ』って笑っていたそうです。あの頃の橋本さんの周りには、どんなに仲がよくても、仕事やお金がらみになっちゃう人間しかいなかったですからね」

橋本は寂しがり屋だった。新日本時代は自宅で盛大なパーティーを頻繁に開き、参加者の中には橋本が名前も顔もよく知らない人間が数え切れないほど訪れていた。また、新日本の地方巡業中、ホテルの橋本の部屋には気の合うレスラーたちが集められ、橋本が眠りにつくまで怠惰な時間を過ごすのが日課だった。幼少期に父親が失踪し、高校時代には母親を亡くした橋本は、1人になることを極端に嫌っていたのだ。

「ZERO－ONEの地方巡業中でも必ず横浜にいったん帰るのは、薫さんと一緒にいたかったというか、自分の家族を確認したかったということなんじゃないですかね。橋本さんとメシを食いに行くと、すっごい頼むんですよ。テーブルいっぱいになるぐらい注文して『俺は料理がたくさんあると安心するんや！』って。料理が並んだ食卓に家族を見ていたのかなって」

それまで苦楽をともにしてきたZERO－ONEに別れを告げる前、橋本は大谷晋二郎ら所属選手たちに、ZERO－ONE軍団として新日本参戦計画を持ちかけたとされている。ZERO－ONEとしてはもうやってはいけないが、新日本というメジャー団体での試合機会をつくってやろうとする橋本の親心だったのかもしれない。しかし、大谷らはZERO－ONEとしての団体継続を希望し、橋本とは別々の道を歩むことになる。

「橋本さんに、団体を抱えるのはもうしんどいっていう空気感があったのはたしかです。でもその後、橋本さんは肩の手術で長期欠場しますし、本当に若手を引き連れて新日本に上がれたのかは疑問なんですよね。当時の新日本の内部って一枚岩ではなかったですし、あの時点で新日本参戦は正式な話だったとも思えないんですよ。

橋本さんは僕らのようなプロレスラー以外の人間には、プロレスの裏側のことをしゃべらない人だったんです。ただ、大谷さんたちの話になった時に『大谷たちは、いまはこれでいいんだ』と言っていて。結局あの時の橋本さんでは大谷さんたちの面倒も見られないですし、大谷さんだってこれ以上、満身創痍の橋本さんに迷惑をかけたくなかったでしょう。だから橋本さんとしても『いまはこれでいいんだ』と。橋本さんが大谷さんたちに新日本の話を振ったのは、親分としての見栄もあったのかなって。でも、あそこで別れてしまったことで、ZERO－ONE勢が橋本さんを裏切ったというイメージがついちゃったわけですよね」

「橋本につらいを思いをさせたアイツらを葬儀に入れるな」

「いまはこれでいいんだ」——いずれ訪れるかもしれない再会を見据えていた橋本だったが、大谷たちとリング上で再び相まみえることはなかった。長期療養生活に入っていた橋本は、翌05年7月11日の朝8時頃、冬木薫邸で倒れ、救急搬送された。

「マネージャーの話によれば、薫さんが泣き声で電話をしてきて、慌てて病院に駆けつけたら、薫さんはショックで倒れたらしく車椅子だったみたいです。薫さんがそんな状態だったからか、病院の先生はマネージャーに『何時何分に死亡されました』と宣告したそうですね。突然死だったので警察病院でも簡単な解剖があったんですけど、まだ誰にも橋本さんの死を報告していないのに、マネージャーの携帯電話がガンガン鳴り続けたそうです。どうやら病院側から橋本さんが亡くなったことが漏れたみたいで、マネージャーの携帯には800件近く電話があったと聞いています。『自殺なんですか？』なんてぶしつけに尋ねてきたマスコミもいたらしくて、マネージャーはすごく怒っていましたね」

橋本の死因について、X氏は後日インターネットの書き込みを見て驚愕する。

「Yahoo！知恵袋に書かれていた橋本さんの死因が実はそのまま正しかったんです。橋本さんのお母さんもしくは近い親族に脳溢血で亡くなった方がいたことで、橋本さんは血管が詰まることを気にしていて、ワーファリンという血液をサラサラにする薬を常服していたんです。でも、橋本さんは体が大きいから普通の量では効かない。なので通常より多めに処方されていたんですが、ワーファリンには血管を弱めてしまう副作用もあって。橋本さんは、血管は詰まらなかったんですが、過剰に摂取していたことで血管が破れてしまったみたいなんです……。どうして橋本さんに近かった人間しか知りえない、正確な情報がYahoo！知恵袋に書かれていたのか。本当に驚きました」

05年7月16日、橋本の葬儀は横浜・一休庵久保山式場にて執り行われた。その葬儀の運営をめぐって遺された人間たちで争いがあった、という報道もあった。婚約者・冬木薫、橋本の3人の子供の親権を持つ前夫人の橋本かずみ、そして大谷晋二郎ら旧ZERO-ONE勢の関係はどうなっていたのか。

「誰が取り仕切るかで揉めてはないですね。話はすぐに落ち着きました。あまりにも突然の死だったことで、みなさん現実に戸惑っていただけで、揉める空気は流れてなかったです。

葬儀委員長は橋本さんが懇意にしていた大企業の代表が務め、喪主は橋本さんの妹さんと、長男の大地くん。かずみさんも離婚されたとはいえ蚊帳の外にするのはいけない方ということで、ちゃんと対応はしてたはずです。薫さんはかずみさんがいらっしゃるということで、表には出てきませんでしたけど。

大谷さんたちとは揉めた、というのかなあ、あれは。たしかに大谷さんのことを悪く思っていた橋本さんの取り巻きはいましたね。やすやすと葬儀場に来れるような状況ではなかったです。『橋本につらいを思いをさせたアイツらを葬儀に入れるな』と言う人もいたんですが、参列を断っていたわけじゃない。

そこも結局はコミュニケーションの問題ですよね。『大谷さんたちは橋本さんを裏切ったわけじゃない』と事情説明しようにもなんの材料もない。支援者たちからすれば、実際に大谷さんたちは橋本さん1人外して団体を続けているように見えるわけで」

旧ZERO－ONE勢が省かれた、また、かずみ前夫人と子供たちに香典が一銭も渡されなかった、などといったことがまことしやかにささやかれた。葬儀運営側への不満は大きく膨れ上がり、集められた香典は橋本が残した莫大な負債の一部に充てられた――そんな噂が業界中を駆け巡った。

「そこも誤解ですよねぇ。葬儀を取り仕切った方々は香典をどうにかする必要性がないんですよ、お金はたくさん持っている社長さんたちですから。借金取りが来て香典を持ってくわけでもないし、逆に葬儀代を負担されていましたから。そこもコミュニケーション不足でお互いが疑心暗鬼になっていたんだと思うんですね。裏を返せば、それはみんなが橋本さんを心配していた、大好きだった、っていうことですよね。

いろんな混乱やすれ違いがあったことで、橋本さんへの愛情がねじ曲がってぶつかりあってしまった。残念なことです。橋本さんがリングに復帰するようなことがあれば、もう一度大谷さんたちと手を組んで、いろんな誤解は解けたんじゃないかなって思いますし」

もう一度原点から、新日本でやり直したかった

もし橋本が療養の末に復帰をすることになれば、どこのリングで復活の狼煙《のろし》をあげていたのか。

X氏はためらいなく古巣だろうと言い切った。

「新日本だったと思いますよ。『ハッスル』とは、ほとんど連絡は取ってなかったですし、逆に『ハッスル』は中村さんたちとビジネスをしていましたので。僕が橋本さんは新日本プロレスに戻りたいんだろうなって思ったのは、マネージャーからこんな話を聞いたからなんです」

――それはZERO－ONE活動停止前後のある晩のことだったという。

東京で用事を済ませた橋本は、マネージャーを乗せて愛車のベンツで横浜に戻る途中、「新日本の道場に寄っていいか？」と唐突に告げると、道場のある野毛に車を走らせた。巡業中だったのか、新日本のレスラーは道場には不在だった。静まりかえっている道場の前の路地裏に車を停めた橋本は、新日本時代の昔話を少しだけ口にすると無言となり、道場を眺めながらしばらく押し黙っていた。やがて車内の静寂を突き破るように、橋本は「そろそろ帰るか」と再びキーを回した。車が多摩川沿いの都道11号線を二子玉川方面に進み、陸橋が見えると橋本は懐かしそうにこう呟いた。

「新弟子の頃はな、この陸橋まで来ることが大冒険やったんや。ここまで来るのがすごいことだったんや……」

新日本プロレスに入門した新弟子たちは道場からの外出禁止を命じられ、世間から隔離された空間の中で過酷なトレーニングを積み、プロレスラーという異形の職業への覚悟を問われることになる。そうして新日本の道場で育った橋本は、プロレス界を代表するプロレスラーにのし上がるも、野望を抑えきれずあの陸橋をも飛び超えて新日本を飛び出し、自らの団体を興した。その大冒険はわずか4年で苦い結末を迎えたが、新しい家族や仲間に支えられながら、橋本は新日本という故郷に帰ろうとしていたのか――。

「この話を聞いて橋本さんのルーツは新日本にあるんだな、もう一度原点からやり直したかったんだなって思いました。離れ離れになる大谷さんたちに言った『いまはこれでいいんだ』という言葉。あの時の橋本さんは、どんな未来を見て『いまは』と言ってたんですかね……」

橋本急逝後、横浜にあった個人事務所のワンルームマンションの部屋は引き払われ、橋本の遺品はすべて、かずみ前夫人の元に送り届けられた。仕事の繋がりがなくなったことでX氏は冬木薫とは会うこともなくなった。冬木薫は16年に結婚詐欺事件で久方ぶりに世間を賑わせて以来、行方知れずである――。

橋本真也

証言

黒田哲広

「亡くなる前から、何回も死にかけたと聞いていました……」

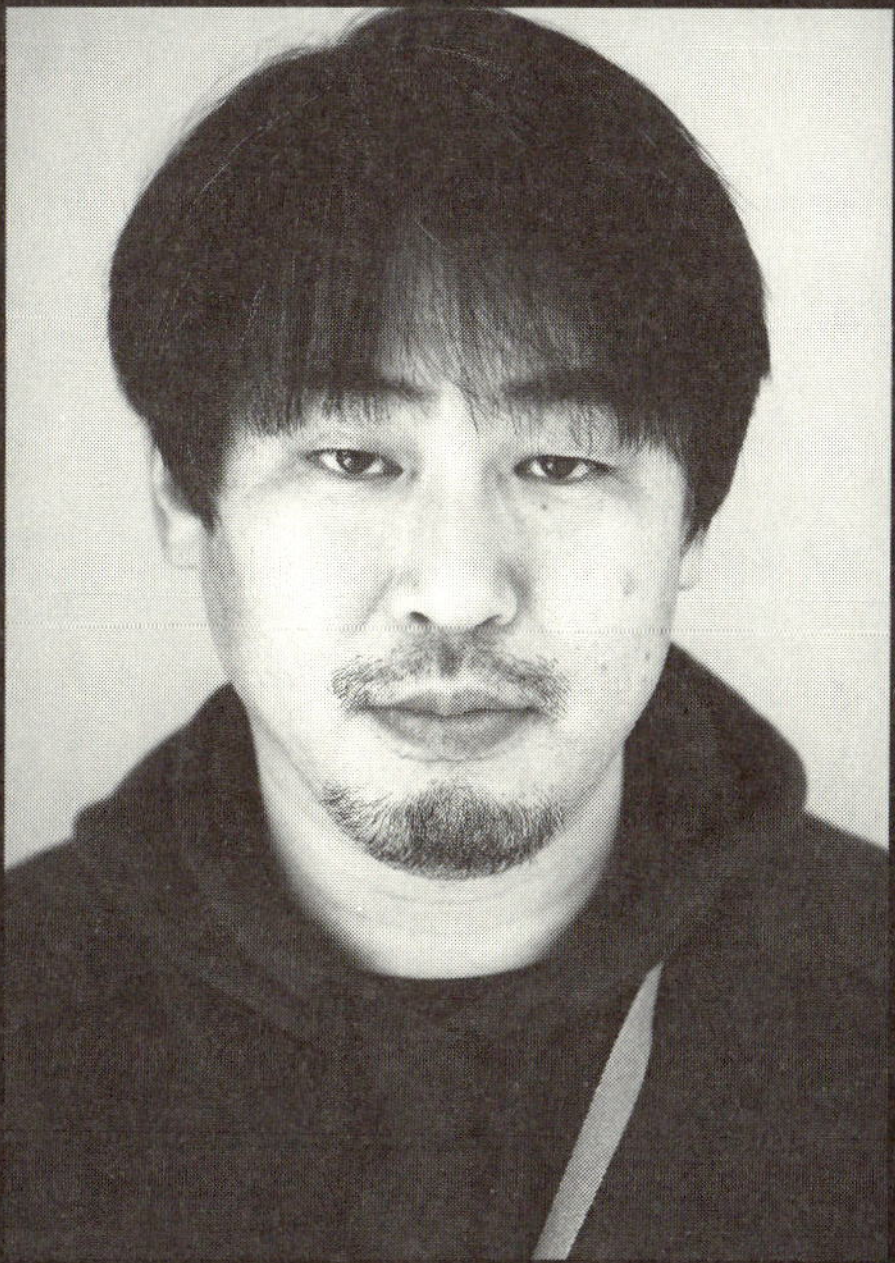

黒田哲広　くろだ・てつひろ●1971年、北海道生まれ。93年、インディー団体のPWCに入門。その後、大仁田厚のFMWに移籍。FMW崩壊後はアパッチプロレス軍に所属。多団体に参戦し、2002年、ZERO－ONEの「火祭り」に初参加で準優勝。04年3月には橋本真也との一騎討ちも実現させた。

取材・文●ジャン斉藤

黒田哲広は、冬木弘道がプロデューサーを務めていたプロレス団体「WEW」に参加していた縁から、冬木夫人・薫と近い存在であり、ZERO－ONE参戦中は橋本真也の事実上の付き人として行動をともにしていた。

「自分で言うのもなんですが、橋本さんにはかわいがられていました。最後のほうはいちばんかわいがられていたプロレスラーだと思いますね。橋本さんがプライベートで行動する時は、よくご一緒させてもらいました。それは僕が橋本さんの仕事となんら関係のない人間だったからじゃないですかね。

僕は橋本さんの団体（ZERO－ONE）で試合はしていましたけど、橋本さんと一緒の時は仕事の話は抜きでしたし、橋本さんがタニマチ方面の方と会う時は、僕はその場にいなかったですから。簡単にいえば橋本さんと利害関係はなかったんです」

橋本の話し相手だった黒田

当時、ZERO－ONEの経営は破綻しかけていたが、団体としがらみのなかったフリーの黒田は、橋本にとって心置きなく話ができる存在だったのだろう。

「あの頃の橋本さんはZERO－ONEとは距離ができてましたからね。なにか愚痴を言っていたわけじゃないですけど、橋本さんは新日本プロレス時代は仲間を集めてワイワイやってたわけですよね。そうやって生きていきたかったんでしょうね。新日本の頃とくらべたら、ずいぶん大人にはなっていたという話ですよ。新日本のムチャなノリだったら、僕もちょっとついていけなかったかもしれません（苦笑）。

橋本さんとはいつも車の中に一緒にいた記憶があります。橋本さんのベンツ。僕がそのベンツを運転して、橋本さんの送り迎えをしているとみなさん勘違いしてるんですよね。違うんですよ。だってその時、僕はペーパードライバーですよ。橋本さんがベンツを運転している助手席に僕が座ってたんです。橋本さんからすれば、誰かに座っていてほしかったのかもしれないです。

関東近辺の興行がある時は待ち合わせをしてベンツで向かいました。車の中で2人きりだからいろんな話をしましたね。言えることから、言えないことまで、まあ基本的にバカ話ばっかで。だって車の中で2人きりですもん。しかも2時間、3時間の距離じゃないですか。ボーッとしてるわけにもいかないし、ずっとしゃべってました。プライベートの話だけです。プロレスの話は全然しないです。橋本さんの話し相手ですよね」

こうして普段から橋本と行動をともにしていた黒田だったが、出会いの当初から橋本に受け入れられていたわけではなかった。

「ＺＥＲＯ－ＯＮＥに初めて参戦したのは２００２年で、初の札幌大会のメインで大谷晋二郎＆田中将人とやった時が最初です。しばらくＺＥＲＯ－ＯＮＥに出ていても、橋本さんとはとくに接点がなかったんですけどね。関係が急に近くなったのは、大谷さんのお母さんが亡くなった03

年6月ですね。ZERO－ONEのみなさんと山口県まで葬儀に伺ったんです。その時、橋本さんはケガをしてて歩けなくて車椅子だったんですけど。帰り道、僕が橋本さんの車椅子を押して、当時橋本さんが住んでいた竹芝のインターコンチネンタルホテルまで送ることになって。

橋本さんの部屋はスイートルームでメチャクチャ豪華で広いんですよ。『すごいところに住んでるんだな』と驚きました（笑）。1泊だけでもすごい金額のはずなのに、住んでるわけですからね。あの時は橋本さんから2～3万円の小遣いをもらって帰ったことをおぼえてます。

それからですね、それまでは『黒田』だったのに『哲ちゃん』という呼び方に変わって、僕も周りも『あれ？』って感じでした。橋本さんとは食事すら行ったことなかったのに、頻繁に誘われるようになったんです。地方巡業の時は必ず『哲ちゃん、帰るぞ！』と橋本さんのベンツに乗らせてもらうんですよ。急にそんなことになったのは、僕が冬木薫さんと近い人間だったからなのか……」

橋本の恋愛は純粋で中学生レベル

黒田が橋本と親密になる前の03年3月19日、冬木弘道はガンにより亡くなっている。橋本は闘病中の冬木から対戦を要求されていたこともあり、夫人の冬木薫の相談にいろいろと乗っていたが、やがて恋愛感情を抱くことになった。

「その頃の2人はまだ交際はしてないですね。薫さんから『こんな感じで橋本さんからアプローチが来てる』という話を聞いたんですが、それがもうストーカーまがいの行動だったんですよ。さすがにそんなことはしないでしょ？って半信半疑だったんですけどね。冬木さんが亡くなってすぐのことでしたし。でも、実際、橋本さんのアプローチがすごかったみたいで」

ある日の夜、黒田と金村キンタローの2人が冬木薫の家を訪れた際、「ちょっと家の周りを見てきてくれない？」と頼まれ、2人が周囲の様子を伺いにいくと、不審なベンツを1台発見する。運転席に座っていたのは誰あろう、橋本だった。

「薫さんも冬木さんが亡くなったばかりということで、ちょっと悩んでいたみたいですが、最終的に橋本さんのアプローチを受け入れたみたいですね。大阪でZERO－ONEの興行があった時に、金村さんと一緒に橋本さんに真剣な交際なのかを聞きにいったんですよ。そうしたら橋本さんは僕らに文句をつけられたと思ったんですかね。『惚れたもんは、しゃーないやろっ!!』って怒鳴られました。逆ギレですよ（笑）」

冬木薫と交際することになった橋本は、地方シリーズ中でも試合が終わると巡業先の宿泊先に向かうことなく、冬木薫が待つ横浜に家路を急いだ。翌日、横浜から地方興行の場所に向かうため、当然会場入りは遅れがちになる。ある時は岡山で興行終了後、最終の新幹線に飛び乗ったが名古屋止まり。橋本はそこで帰宅を諦めず、レンタカーを借りて横浜まで戻った逸話もあるほどだった。

「会場入りはいっつも遅かったですね。橋本さんの試合はメインだから会場入りが遅くなってもまだいいんでしょうけど、僕の試合は前のほうですからね。あれは茨城の水戸大会だったかなあ。僕が第2試合に間に合いそうにないってことで、橋本さん、高速道路で220キロ出しましたからね。あの時は死ぬかと思いましたよ（苦笑）。

橋本さんはとにかく早く家に帰りたがってましたね。会場まで車で行ける時と行けない時があって、これはいまだから言えますけど、車で行けない時は、会場近くに薫さんが車でスタンバイしていました。それくらい橋本さんはいつも薫さんと一緒にいたがってましたね。

薫さんの家にいる橋本さんの姿は、リング上からは想像もつかなかったです。こんなこと言ったら怒られるかもしれないですけど、薫さんの家でみんなでワイワイ飲むじゃないですか。薫さんの料理はプロ並みでメチャクチャうまいんですけど、後片付けするのは橋本さん。上はTシャツ、下はブリーフ姿の橋本さんがひとり台所で食器を洗ってるんですよ。あの橋本さんにそんなまねさせられないから『僕が洗いますから！』って言うんですけど『哲ちゃん、大丈夫。いいからいいから』って。そう言われたら、もう座ってるしかないじゃないですか。橋本さん、楽しそうに食器を洗ってましたね」

冬木薫には亡くなった夫・弘道とのあいだに2人の子供に恵まれていたが、橋本はその子供たちともすっかり打ち解けていた。

「娘さんは中学生と小学生だったかな。橋本さんには懐いてました。だからどんな時も無理して家に帰ってたんでしょうけど、僕の知っている橋本さんはもう中学生かと言わんばかりの薫さん好きっていう（笑）。中学生レベルの恋愛でしたよ。それだけ純粋だったんです」

亡くなる1カ月前、さらに太っていた橋本

橋本のプライベートの充実とは真逆にZERO－ONEの団体経営は崩壊目前だった。冬木薫や黒田たちとの仲は深まったが、ZERO－ONEの現場を預かっていた大谷晋二郎や中村祥之たちとの関係は冷え切っていた。

「ZERO－ONEの経営の話がどうとかは聞いてないです。いろいろと大変だって話はしてましたけどね。そこらへんの込み入った話はしてないです。そういう関係だったから、橋本さんのそばにいれたんでしょうけど。お金に困ってる気配は見せなかったですね。ほかから橋本さんが大変だとは聞いてはいましたけど、僕の前ではそれらしい素振りは見せなかったですね。イメージ通りの豪快な橋本真也でした。

ZERO－ONE活動停止の記者会見も報道で知った感じです。とりあえずあの日は、大谷さんたちと飲んだという記憶はありますけどね。全然今後の話はしなかったなあ。ZERO－ONEからすると、自分は橋本さん側の人間っていう目だったのかもしんないですよね。だって橋本さんと一緒に会場入りして、一緒に帰るんですから、そりゃそうでしょ。なにか言って橋本さん

に変に伝わるとまずいから、あんまり深い話はできないですよね」

04年11月25日、ZERO－ONEの活動停止が発表される。橋本を除いたZERO－ONE所属選手たちは新団体設立に動き、一人残された橋本は古傷の右肩を手術。復帰を目指して長期療養生活に入った。

「ZERO－ONEが終わってからは毎日会うことはなくなりました。月に何回かちょこちょこ会うくらいで。最後に会ったのが亡くなる1カ月前だったんです。井上京子さんのお店（スナック）が武蔵小山にあったんですけど。僕も武蔵小山に住んでいて、京子さんから電話があったんですよ。『哲ちゃん、早く来て！』『え、なにがあったんですか？』『橋本さんと薫さんがお店に来ていて。哲ちゃんのことを呼んでくれって』って。慌ててすぐに向かったらほんとに2人がいらっしゃってて。橋本さん、上機嫌でしたね。それよりも印象的だったのは、橋本さんってもともと体がデカイじゃないですか。さらに太っていたというか、また大きくなったなあという感じで。まさかその1カ月後に亡くなるなんて、全然思わなかったです……」

橋本とはプロレスやビジネスなど、深い話をする機会はほぼなかった黒田だが、休養中の橋本がこれからのことを語っていた姿はいまでも脳裏に焼きついている。

「横浜の関内に韓国料理屋があるんですけど、そこでみんなが集まって食事会があったんです。その時に『橋本さん、これからどうするんですか？』って聞いたら、いまでも覚えているんですけど……『もう少し待ってくれ！』って言われました。あの言葉はすごく覚えていますね。『待ってくれ！』とかなり強目の口調で言われたんで。それっていわゆる新団体ですよね、絶対。あの言い方はそうです。それは間違いないと思います。橋本さんとは、いっつもバカ話しかしてなかったんですけど、あの言い方は……ニュアンスでわかります」

「薫さんはもう表に出てこない」

05年7月11日、橋本は新団体を興すことなく志半ばで逝った。突然の訃報を黒田は冷静に受け止めていた。

「ショックというよりは、やっぱり亡くなっちゃったかな……でした。その前に何回も死にかけたっていう話は聞いたんで。橋本さん、不整脈だったらしいんです。不整脈で何回も緊急で病院に担ぎ込まれたとか、そういう倒れ方をしていたと聞いてたんで。僕が一緒の時に具合が悪くなったことはなかったですけど。でも、薫さんから『この前も倒れてさ』という話は聞いていたので。亡くなった話を聞いた時は、ああ……っていう感じでした。

金村さんが僕と一緒に橋本さんが運ばれた病院に行った、という話があるんですが、記憶にまったくないんですよね。いや、さすがに忘れないですよ。お通夜と葬儀の時は試合があったので、薫さんに電話しまして『手を合わしていいですか？』ってことで朝イチで伺いました。斎場で手を合わせたのは覚えてます。だから葬儀には出てないんです、ちゃんとは。

薫さんは当然、元気はなかったですよね。橋本さんの妹さんともそこで初めてお会いして挨拶しまして。あとから葬儀のやり方をめぐっていろいろとあったとは聞くんですけど、そこは見てないんですよ。橋本さんとは最後の最後まで深く関わらない関係だった、ということですよね」

橋本が亡くなり、プロレス界との接点が消えた冬木薫と黒田が連絡を取る機会は少なくなっていった。

「薫さんとは年に何回かは会っていましたけど、自然にフェードアウトしていきましたね。いまはもう連絡はつかないでしょうね、薫さん。最後に会ったのが5~6年前かな。冬木さんの何回忌かの興行をやるってことで、勝手にやるわけにはいかないじゃないですか。それで薫さんに許可を取るために、赤坂のカラオケパブっていうか、そんな感じのところで金村さんと一緒に会いましたね。橋本さんの話は全然しなかったです。薫さんはもう表に出てこないでしょうね。出てきたとしても橋本さんの話はしないと思いますよ」

橋本真也や冬木弘道、そして冬木薫も消えたプロレス界で、黒田があの時の空気を感じるのは、橋本の長男・大地の姿をリング上で見る時だけだ。

「車の中で橋本さんと家族の話になるじゃないですか。僕が橋本さんに『大地くんがもしプロレスラーになりたいと言い出したらどうするんですか?』って話をしたんですよ。そうしたら橋本さんが『なれるわけないやろっ!』って即答してましたよ(笑)。『根性ないからな。アイツはプロレスラーなんて無理だよ!』って。その話はすんごい覚えてます。でも、大地くんはプロレスラーになったわけじゃないですか。『絶対になれない』って言っていた橋本さんが早くに亡くなったからこそ、大地くんはプロレスラーを目指したのかもしれないけど……そこは運命的なものを感じますよね」

橋本真也が亡くなってまもなく14年——黒田の家には橋本の形見が遺されている。

「ある日、急に『哲ちゃん、これあげるよ！』って、プライベートで使っていたサングラス。家のタンスの上に置いてあります。橋本さん、すごく軽いノリで渡してきたんですよ。そのサングラスが飽きたのかどうかわからないですけど、別に僕も理由は聞かなかったですね。まあ細かい話はしないから、橋本さんは僕といることが居心地がよかったのかもしれないですけどね」

ラッシャー木村

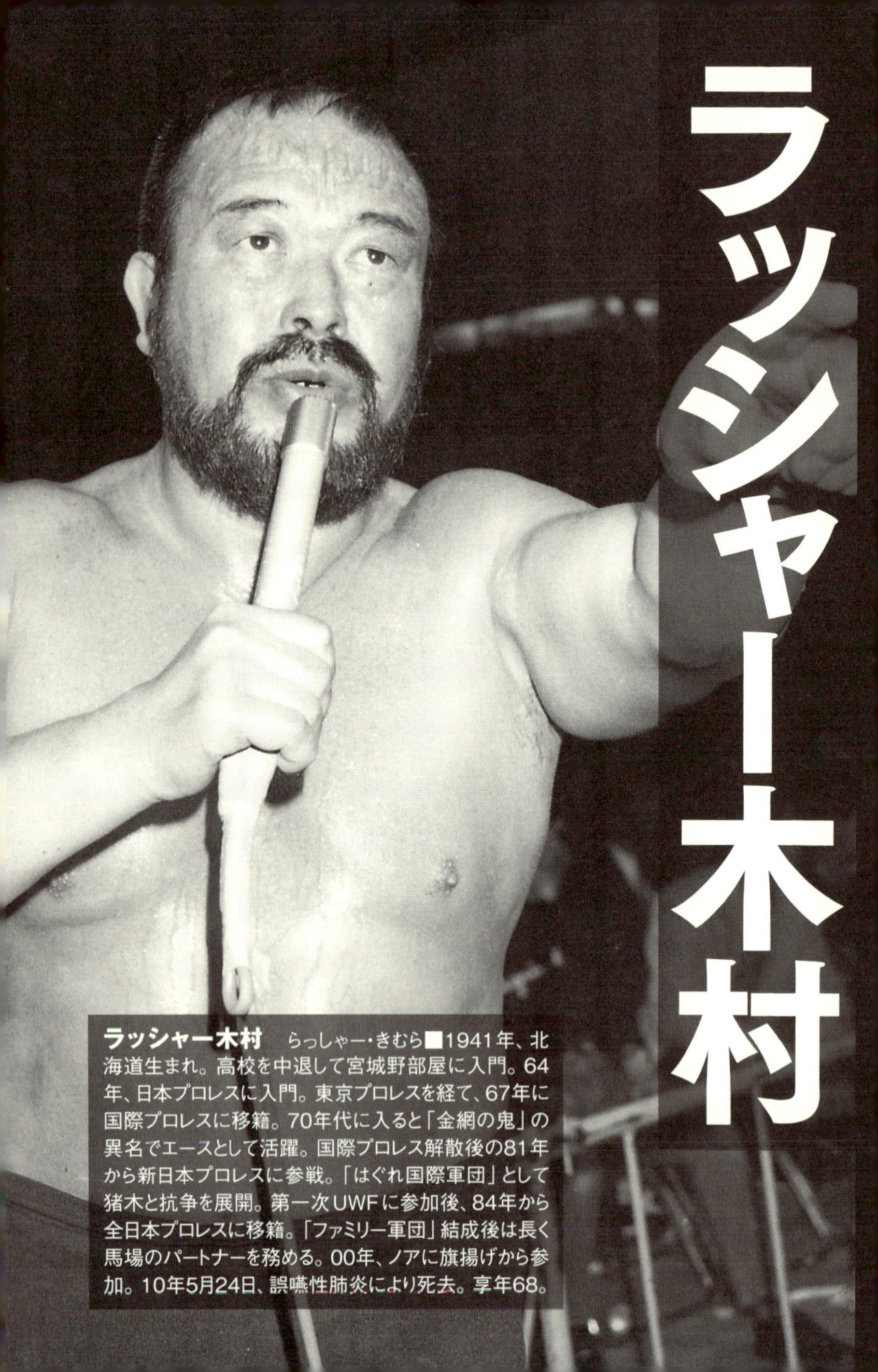

ラッシャー木村　らっしゃー・きむら■1941年、北海道生まれ。高校を中退して宮城野部屋に入門。64年、日本プロレスに入門。東京プロレスを経て、67年に国際プロレスに移籍。70年代に入ると「金網の鬼」の異名でエースとして活躍。国際プロレス解散後の81年から新日本プロレスに参戦。「はぐれ国際軍団」として猪木と抗争を展開。第一次UWFに参加後、84年から全日本プロレスに移籍。「ファミリー軍団」結成後は長く馬場のパートナーを務める。00年、ノアに旗揚げから参加。10年5月24日、誤嚥性肺炎により死去。享年68。

証言 百田光雄

「昔気質の木村さんは、入院中でも人に弱みを見せなかった」

百田光雄　ももた・みつお●1948年、東京都生まれ。力道山の次男。68年、日本プロレスに入門。72年の全日本プロレス旗揚げと同時に移籍。2000年にはノアに移籍し、副社長に就任。09年に退団。フリーとなり、10年8月に61歳11カ月で現役最高齢レスラーとなった。現在も記録更新中。

取材・文●瑞佐富郎

木村は、1984年11月22日、この日開幕の『世界最強タッグ決定リーグ戦』で、馬場のタッグパートナーとして初めて全日本のリングに上がった。馬場のパートナーは当日まで正体不明のXとされており、それが木村であると見破ったマスコミは皆無だった。

「もちろん団体内のことですから、事前に木村さんが来るということは知っていました。翌年からは長州選手も全日本に上がるわけだけど、それよりかは、木村さんは全日本向きのレスラーだなと感じましたね。新日本は最初に攻めがあるイメージですけど、全日本はその点、受けることから始まるプロレスですから好対照なんですよ。そういう意味では、相撲出身の打たれ強さみたいなものも生きたんじゃないですか。

木村さんは器用なタイプではないですが、ものすごく練習熱心でしたね。パワーも半端なかった。ベンチプレスも、たしか200キロを挙げていました」

木村と馬場のタッグは、結成からわずか半月後の12月8日、試合中に木村が馬場と仲間割れする形で解消。剛竜馬、鶴見五郎ら元国際プロレスの残党と「国際血盟軍」を結成した。以降、馬場との抗争を続けた木村だが、4年後には再び『最強タッグ』で馬場とタッグを結成。2人のコンビは大人気となり、90年代には百田を加えた「ファミリー軍団」と、永源遙、渕正信らの「悪役商会」が抗争する明るく楽しいプロレスを展開。全日本の前座戦線に欠かせない人気カードとなった

「ファミリー軍団はいいチームだったんじゃないですかね。木村さんと僕の役割は馬場さんをど

うやって活かすかということ。僕や木村さんが、試合で悪役商会にやられる。そこに馬場さんが怒って登場という、そういう流れをつくるのが自分たちの役目でしたね。

木村さんの性格は温和で無口、落ち着いていました。レスラーによくある『俺が！　俺が！』というところがまったくない。そこが馬場さんが気に入ったところでしょうね。馬場さんのほうが先輩だから、『おい、木村』みたいな感じで呼んではいたけど、10年以上、ほとんどの試合でタッグを組んでましたから、すごい信頼関係ですよ。僕は木村さんのことを『おじき』って、木村さんは僕のことを『みっちゃん』って呼び合ってて、仲はよかったですよ。

一世を風靡した木村さんのマイクパフォーマンスは、もともと敵だった馬場さんへの挑発から始まったわけだけど、練習とかは見たことないから即興的だったんでしょうね。まあ、今日は誰をマイク口撃してお客さんを楽しませようか、ぐらいは考えてたと思いますよ（笑）」

かつて木村自身も、楽しませるプロレスについてこう語っている。

〈引退は50歳になる前に考えたことがあったんですよ。だけど、その頃からリングに上がるのがすごく楽しくなってきたんですね。というか、ますますプロレスが好きになってきたね。本当に試合が楽しくて仕方ないんですよ。今日はどうやってお客さんを楽しませようと考えるだけで自然と顔がニコニコしてきちゃう〉（『週刊プレイボーイ』01年7月3日号）

あまりにも突然知らされた馬場の死

「木村さんは、もともと温厚な性格なんだけど、国際プロレスではエースとして金網デスマッチをやって、額をブッチャーのようにギザギザにして、次の新日本では、ヒールとしてメインイベントで激しくやったりやられたりでね。それが、全日本に入って、ファミリー軍団の試合となると、3、4試合目で、お客さんも一緒に楽しむテイストになった。永源さんのツバ吐きに対して、お客さんが傘や新聞紙を用意したりね。全日本のお客さんは温かいし、木村さんが全日本に来てプロレスがより楽しくなったっていうのは非常によくわかる気がしますね」

しかし、そんな木村の幸せにも終わりが訪れる。99年1月31日、ジャイアント馬場が急逝したのだ。

「あの時は本当、大変でしたね。(馬場)元子さんから、夜中に電話がかかって来てね。『みっちゃん、すぐに来てくれる？』と。それで、恵比寿のお宅へお邪魔したら、玄関を開けた瞬間、お線香の匂いがして、えっ!? となってね。もちろん、その前に、馬場さんが入院したって話は聞いてますよ。だけどそんな大事にいたるような病気だったとは自分たちは聞かされてなかったし、それ以前にも馬場さんはケガで長期入院していましたから。だから亡くなってるっていうのはまったく頭の中になかった。部屋に入って、初めて元子さんから、馬場さんが亡くなられたっていうのを聞いたんです。すぐにご遺体のところに行って、お焼香したんですが、元子さん自身は、この死を受け止め切れてないというか、そういう部分で、おおっぴらにしたくないというような感じだったんですよ。僕だって個人で呼ばれたくらいですから。ご遺族としてその気持ちは痛いほどわかったんですが、『元子さん、やはりこれは早めに発表しないと』と説得したのを覚えていますね。木村さん？　寡黙な人ですから、口には出さなかったけど、明らかにショックを受けている様子でしたね。やっぱり、会社でもリング上でも、僕らは馬場さんがボスだったわけですから……」

選手の年金を払っていなかった新日本

翌00年6月には、マット界にさらなる激震が走る。全日本から選手が大量離脱する形で、新団体ノアが旗揚げ。木村も百田も全日本を辞め、ノアに移籍したのだ。

「馬場さんのあとに三沢（光晴）が社長になったんだけど、なかなか三沢の理想通りに団体を動かせないこともあって、『百田さん、僕はダメだ。全日本を辞める。何人かの選手、スタッフを連れて独立したい』と。これはなんとかしなきゃいけないと思って、僕と兄（百田義浩）で日本テレビに相談したんです。『どうにかできませんか』と。そしたら、『ある程度、多くの人員（レスラー）を確保できたら、放映を確約します』と言ってくれた。それで選手たちに『強制じゃないけど、どうしたいか』を聞いて回った。9割の選手が、『三沢さんについて行きます』となって、形として大量離脱のような感じになったんです。

おじき（木村）には僕から言いました。事情を説明して、『離脱したいっていう意見が多いんだけど、おじきはどうしたいですか？』って聞いたら、『みんなが行くんだったら、俺も一緒について行くよ』って。そこら辺はね、個人の考えはみんな違うから、彼らの人生だから、まとめてじゃなく、1人ずつ確認したんですね」

三沢は木村に年金保険料の未納期間があることを心配して、その払い込みが完了するまでノアでの木村の雇用を約束したという話もあった。

「結局、国際プロレスと新日本は、会社として年金に入ってなかったという話なんです。全日本に最初からいた僕らは会社がずっと保険料を払っていたから、支給も満額に近いくらいなんです。馬場さんのおかげですね。木村さんの全日本入りは途中からでしたから、当然未納があるわけです。だからノアに移っても木村さんの保険料をノアが払い続けた、という意味ですね」

ノアに移籍し、02年には現役最高齢レスラーとなった木村は、前出のインタビューでこう語っていた。

〈自分の体には誇りがありますよ。だから引退なんて考えない。生涯現役でいくつもりです。本心を言えば、リングの上で死んでいけたら最高だね〉（『週刊プレイボーイ』01年7月3日号）

トップのプライド、引き際の美学、我慢の人

03年3月1日、日本武道館で行われた木村&百田vs永源遙&川畑輝鎮を最後に、木村は持病の腰痛が悪化し長期欠場。翌04年7月10日、ノアの東京ドーム大会の第5試合終了時に、オーロラビジョンで木村の引退が発表された。カムバックを誓いリハビリを続けたが叶わなかったことを木村は語り、「ファンのみなさん、本当に本当に、長い間ご声援ありがとうございました。ご機嫌よう。さようなら」と最後のメッセージを残した。

「欠場中は、腰がかなり弱っていて、手術もされてましたから。若ければまだ回復するっていうのはありますけど、そういう意味で大丈夫かな、と心配はしてました。それと、軽量の人間だったら体への負担はそんなにはかからないけど、木村さんは晩年でも体重は100キロ以上あったと思うんで、自分の重さ自体が自分に負担をかけるっていう部分もあったと思うんですね。

引退に関しては、三沢社長から聞きました。極端な話、無理すれば出ることはできたかもしれないけれど、周りに迷惑をかけるのは嫌だという気持ちが木村さんにはあったんじゃないですかね。それと、僕なんかは第1試合で若手の壁としてずっとやってきたから、いまだに6時半の男として第1試合でやっても全然気にならないの。だけど、木村さんは、後年のファミリー軍団はあったにせよ、国際プロレス時代を含めて、ある程度トップでずっとやってこられた方だから。

口には出さないけどそういうプライドもあったと思う。引き際の美学的なね。

木村さんが手術で入院してる間、お見舞いに行ったことがあるんですよ。たしか慶応病院だったと思うんですけど、いざ病室に入って、『おじき、大丈夫?』って言ったら、木村さん、『いや……』ってベッドから起きようとするんです。身体が痛いはずなのに。だから僕も、『寝ててください』って止めて。そういう、昔気質《かたぎ》というか、ましてやレスラーである分、人に弱いところを見せたくないっていうのがあるんですよ。木村さんは我慢の人というか、とくにそういうのが強かった気がしますね。だから、お見舞いもその一回でやめたんです。行ったら逆に気をつかわせるから」

三沢の葬儀に車椅子で参列した木村

その後、木村が公の場に姿を現したのは一度のみだった。09年6月13日に、試合中の事故が元で急逝した三沢のお別れの会の場であった。百田はこの悲劇の際、三沢の救急車に同乗したという。

「あの試合(三沢&潮崎豪vs齋藤彰俊&バイソン・スミス)は控室の入口で見ていました。齋藤のバックドロップを三沢社長が食らった時に、普通だったら、逃げたり、カバーしたり、なんらかの動きがあるんだけど、それがピタッとなかった。それで『あれ?』と思ってたら、レフェリーが試合を止めたんで僕もすぐにリングサイドに行った。その時にプロレス好きのお医者さんが何人か観に来てたので、すぐにリングに上がってもらって心臓マッサージをしてもらったんです。でも回復しなくて、続けてAEDもやったけれど変化がなかった。それで僕も副社長でしたから、1人で救急車に乗って、病院まで三沢選手について行ったんです。そこでもお医者さんに10人くらいで代わる代わる心臓マッサージをやってもらったんです。そしたら、心電図が一度ピンと上がったんですよ。『おっ！』と思ったんですけど、それっきりでした。先生に『もう一度試してみますけど、目もかなり瞳孔が開いてきてるので厳しいと思います』と言われて、『先生にお任せするしかないので、よろしくお願いいたします』と。そして、先生たちがもう一度みんなで心臓マッサージをやったけれど反応がなくて、『残念ですけど、これで』となった。

僕とすれば、そのあとどうすればいいのかって考えて、とりあえず社長の遺体を東京にお送りして、選手は残り10日間くらいあったシリーズを最後までやらなきゃと思ったんですね。事故の翌日も博多スターレーンで興行が入っていて、移動しなきゃいけないから、先生に『いまいる選手みんなに病院でご遺体にお別れをさせてくれませんか』って頼むと、『ご遺族が来てからじゃないとダメなんです』と。ですから、東京にすぐ連絡して奥様に来てもらって、奥様がお会いしたあと、選手全員でお別れをしたんです。

木村さんには三沢社長が亡くなったことを僕から電話で伝えました。お別れの会には、腰も悪かったんでしょう、木村さんは車椅子で来られた。繰り返しになるけど、昔のレスラーはそういう姿を人に見せたくないというのがあるんです。だけど、木村さんの気持ちの中で、顔を出さないわけにはいかなかった、ということでしょう」

木村の訃報が入ったのは、そのほぼ一年後だった。10年5月24日、腎不全による誤嚥性肺炎で死去。享年68。

「ショックでしたね。とくに僕は組んでた人間だし、アンドレ（・ザ・ジャイアント）、大熊（元司）さん、馬場さんと、それこそリングで一緒にやってきた仲間が次々に亡くなって……。

振り返って思い出すのは、リングで踏ん張っている木村さんの姿。いい体をしていました。あと、普段は大人しくて口が達者なわけでもないのに、あのマイクパフォーマンスは改めて〝プロ〟としてすごかったな、と思ってます。そしてなにより、木村さんとは試合がとてもしやすかった。みんなに気遣いができる人だったんです。重ねて言いますけど、そこが馬場さんが木村さんを気に入って、信頼していたところだったんですよね。馬場さんもそういう気遣いの人でしたから」

上田馬之助

上田馬之助　うえだ・うまのすけ■1940年、愛知県生まれ。大相撲を経て、60年に日本プロレスに入門。66年に渡米し、悪役レスラーとして活躍。77年、新日本プロレスへ参戦。タイガー・ジェット・シンと凶悪タッグを結成し、「まだら狼」「金狼」として暴れまわった。78年2月には日本武道館で伝説の釘板デスマッチを猪木と闘う。81年から全日本プロレスへ参戦。再びシンと極悪タッグを結成した。85年に再び新日本参戦し、前田日明らと激闘を繰り広げた。90年代に入るとインディー団体を転戦。96年3月、交通事故に遭遇し、頸椎損傷の大ケガを負い、胸下不随に。懸命なリハビリを続けていたが、2011年12月21日、誤嚥による窒息で死去。享年71。

証言 トシ倉森

「2人で自殺することばかり考えていたんです」（恵美子夫人）

トシ倉森　とし・くらもり●1954年、長崎県生まれ。79年に渡米し『週刊ファイト』特派員として全米マットを取材。レスラー、ボクサー、俳優の親睦団体『カリフラワー・アレイ・クラブ』で日本人初の正会員となる。帰国後、『週刊プロレス』『週刊ゴング』などを経て、SWS設立メンバーとして広報を担当した。現在はスポーツライターとして活動中。

取材・文●堀江ガンツ

竹刀を片手に金髪を振り乱した悪党ファイトで、70年代から80年代にかけて一世を風靡した〝金狼〟上田馬之助。

日本マット界初の本格的日本人ヒールであり、とくにタイガー・ジェット・シンとのコンビは、悪の名タッグとしていまも語り草となっている。

1976年に国際プロレスへ殴り込みをかけたのを皮切りに、新日本プロレス、全日本プロレスと、昭和の3団体をヒールとして渡り歩いた上田は、80年代末に一度セミリタイヤ。

その後、90年代前半の他団体時代になると、NOWやIWAジャパンなど、インディー団体でプロレス活動を再開。力道山時代のレスラーのすごみを見せていたが、そんな時、上田を悲劇が襲った。

96年3月、IWAジャパン仙台大会終了後、上田は入社したばかりの営業部員・大盛一生さんの運転する宣伝カーの助手席に乗って東京に向かう途中、高速道路で大手運送会社の10トントラックに追突される事故に遭ってしまう。その事故で、運転手の大盛さんは頭蓋骨を骨折して死亡。上田もフロントガラスを突き破り、20メートル近く突き飛ばされ、アスファルトに叩き付けられた。

幸い一命は取りとめたものの、この事故で上田は頸椎損傷の重症を負い、胸から下は不随となってしまったのだ。

この時の事故の様子を、上田馬之助自伝『金狼の遺言 完全版』（辰巳出版）の共著者トシ倉森はこう語る。

「上田さんはあの日、営業部員の運転する宣伝カーに乗って、選手バスを先導しながら東京に向けて高速道路を走っていたんですけど、途中で後ろの選手バスが故障かなにかで停まってしまったんですよ。それで上田さんたちも様子を確認しようと、宣伝カーを路肩に停めたらしいんです。そしてシートベルトを外したちょうどその瞬間、後ろから大型トラックに追突された。だから上田さんたちは、フロントガラスを突き破るほど、突き飛ばされてしまったんです」

たまたま後続のバスが故障し、それを確認しようとシートベルトを外した瞬間の出来事。様々な不運が重なって、あのような惨事になってしまったのだ。

そもそも営業車に乗って東京に向かっていたのも、実に上田らしい理由だった。

「上田さんはヒールだから、ほかの選手と同じバスには乗らないというプロ意識がまずあったんでしょう。でも、それだけじゃないんです。若い営業部員が一晩中、１人で運転して帰るのは寂しいんじゃないかと慮《おもんぱか》ってのことでもあったんですよ。

上田さん自身、アメリカ時代は長距離をずっと1人で運転して会場に行ってましたから、そのつらさを知っていたんです。上田さんという人は、そういう他人の痛みがわかる人だったんですよね。

でも、あの事故によって、若い営業部員は亡くなってしまった。将来ある若い人が亡くなって、自分だけが一命をとりとめたことについて上田さんは『自分が代わりに死ねばよかった』と嘆いていましたよ」

一命をとりとめたとはいえ、そこからが地獄の日々だった。

「上田さんは胸下不随だったんですけど、両手の指先には少しだけ感覚があったんですよ。でも、かえってその感覚があったために、上田さんを苦しめたんです。

病室のドアの開け閉めをした時、ほんの少し風圧があるわけじゃないですか。僕らはほとんど風は感じませんけど、上田さんはそんなわずかな風が吹いただけで全身に激痛が走ったんです。あの我慢強い上田さんが、『もう耐えられない』って口に出すくらいですから。そして、いつもどうやったら死ねるかを考えていたらしいんです」

事故後の上田は、食事や排泄も満足にできず、ただひたすら激痛に耐えるだけの生活。上田は何度も自殺を考えたが、動かない体は自殺すら許さなかったのだ。

それでも上田は、事故から15年あまりも生き続けた。それは恵美子夫人の昼夜も問わぬ懸命の介護と、上田の不屈の闘志によるリハビリのかいあってのことだろう。

「本当に恵美子さんなくして、上田さんはあそこまで頑張れなかったでしょうね。ほぼ24時間体制の介護を15年にわたって続けたわけですから。本当に頭が下がります。上田さんも亡くなる前、恵美子さんへの心からの感謝を口にしていましたから」

プロレス復帰に反対だった恵美子夫人

筆者は12年1月、恵美子夫人にインタビューをさせてもらっている。最愛の夫を亡くしてまだ四十九日を迎える前だったが、気丈に語ってくれたその内容をここでは紹介したい。

2人が出会ったのは、82年のこと。恵美子夫人が熊本で営んでいたスナック「亜砂呂《あすなろ》」に上田が訪れた時だったという。

「私が熊本でスナックをやっていた頃、あるプロモーターの人が、全日本のチケットを持って『もしよかったら、何枚かお願いします』って来たんです。その頃、私もお金に不自由してることもないし、これもお付き合いのひとつだと思って、『これだけなら自分が責任を持てる』と思うだけのチケットを預かって営業に協力したんですね。で、売れ残ったら、いいお客さんにあげてもいいと思って。

そしたら、興行が終わったあと、『チケットを気持ちよくたくさん買ってくれた人がおるけん』って、プロモーターに言われたんでしょうね。あの人がタイガー・ジェット・シンと一緒にお店に来てくれたんですよ。スナックのドアって小さいでしょう？　そこから、あの大きな2人が入って来た時は、『これが本物のレスラーか』ってビックリしました。でも、宣伝ポスターのメインにいちばん大きく載ってる2人が来てくれて、うれしかったですね。それが始まりです」

それ以降、九州で試合があるたびに上田は「亜砂呂」に顔を出すようになったという。次第に2人の仲は深まり、上田は店を手伝うようになり、2人でプロレスの地方興行も手がけるようになる。そして数年後、2人は公私ともにパートナーとなり、事実婚のような状態になったのだ。

そんな矢先、あの事故が起きてしまった。

「あの人がまたプロレスのリングに上がり始めた時、私はずっと『出る必要ないよ』って言ってたんですよ。お店と興行でちゃんと食べていけてたし。もう年齢的なこともあるから『やらなくていいんじゃない？』って。でも『プロレスラーをやってるからこそ自分がある』とか、そんな理屈ばっかり言って。

それでIWAジャパンの巡業に出ることになったんですけど、私はすごく反対したんですね。でも『出る』ってきかなくて、『これが最後よ』『うん、最後にする』って言ってたんですけど……」

皮肉にもそれがプロレスラー上田馬之助にとって、本当に最後のツアーとなってしまうとは、その時は誰も予想できないことだっただろう。

身内は誰も病院に来なかった

恵美子夫人への事故の第一報は真夜中、知り合いの記者からの電話だったという。

「夜中にスポーツ新聞の記者さんから電話がかかってきて、『上田さんが高速で事故に遭いまし

洋の
WEAR
ACE
JAPAN

た』って言われたんですよ。でも最初は『また私を心配させようとして、記者に電話なんかさせて』って、信じなかったんです。あの人はプロレスで地方に行くと、よく旅先の飲み屋からふざけて電話をかけてきてたんですよ。『もしもし～？　いま旅先で飲んでるんだけど、モテてモテて仕方がないよ～』とか。それで『そんなにモテるなら、もうそこで生活したら？』って言ったら、『違うんだ。旅で荷物がたくさん持てるんだよ』とか言って（笑）。

でも、その時の電話は、よくよく聞くと飲み屋らしい雰囲気でもないし、『実は運転手の方は即死で』とか『埼玉県岩槻の丸山総合記念病院というとこに運ばれてます』ってすごく具体的に言ってきたので、『これは嘘じゃないな』と思って。そのまま寝ずに飛行機のチケット取って東京行って、病院に直行したら、もう全身血だらけで、これが人間かと思うような状態だったんです」

ＩＣＵの中には事故後の傷跡もなまなましい上田の姿があったという。

「その時先生に呼ばれて、ハッキリ『今夜が山です。もしこれを越せても、身体は不随になります』って言われたんです。そこからはもうずっと付きっきりで、加害者の運送会社が私の部屋を取ってくれたんで、そこに寝泊まりしながら2カ月くらい岩槻にいましたかね」

そこから壮絶で終わりのない、治療、リハビリ、介護の生活が始まるわけだが、その前にひとつ大きな問題が横たわっていた。2人は書類上は正式な夫婦ではなく、上田には長年別居状態で籍だけ残っていた妻が、アメリカにいたのだ。

「事故後、あの人の身内は誰も病院に来なかったんですよ。私以外、看る人がいない。当時、あの人はアメリカに籍だけ残っていた奥さんと子供がいたんですけど、事故に遭ったからって誰も来やしません。で、私は一緒にお店も興行もやってましたから、事故に遭ったからって引き下がるわけにいくもんですか。そんなことは人間として許されんですよ。それで『裕司（上田の本名）さん、どっちが先に逝くかわからんけど、生涯、私が生きてるかぎりは面倒見ていくよ』って言ったら、あの人が涙を流してたのを覚えてます」

〝生涯をかけてこの人を守っていく〟。恵美子夫人がそう決意したのには、その数年前の大病があったという。

「あの事故の1年前、私は大腸ガンを患ったんです。3週間入院したんですけど、その間、あの人は1日も欠かさず病院に来てくれて、私の汚れた下着なんかも毎日持って帰って洗濯してくれたんです。『下着の洗濯なんて、上田馬之助がしてるところを見られたらカッコ悪いから、外に干さないように、お願いよ』って言ったら、『わかった、わかった』言うて。一日も欠かさんで、よく看てくれました。だから事故に遭った時も、『あの時の恩は絶対に忘れん。私が生きてるかぎり面倒見るから』って。

私が入院してた時、先生はあの人に、私がもうあまり長くないようなことを言っていたらしいんですよ。それがこんなに長く生きられたのは、あの人の面倒を見てたから生きられたんかなあとも思う。あの人の存在がなかったら、わたし、いま頃もう……」

〝この人を助けたい〟。恵美子夫人のそんな強い思いが、生きる力へと変わっていったのだ。

そして、2人で切り盛りしてきたお店「亜砂呂」を閉めて、生活のすべてを介護に費やすこととなる。しかし、その時点でもまだ2人は正式な夫婦ではなかった。

上田を事故に遭わせたのは大手運送会社のトラック。多額の賠償金が入ってくることを見越してか、アメリカの妻からは離婚に際して莫大な慰謝料を請求され、なかなか話が進まなかったのだ。

「こっちが毎日介護しているなか、前の奥さんからは『賠償金はどうなったんですか』っていう連絡ばかり来て。向こうは私が取ったと思ってるかもしれないけど、私は籍に入ってるわけじゃないし。もらえるもんですか。あの人を『絶対に向こうに帰らないで』と引き止めたわけでもないし。結局、いろいろあったあとお金で解決したんですけどね。つらかったけど、あの頃はまだ若くもあったので『なに、これくらいのことでくじけるもんか』って思ってやってました」

そして事故から3年4カ月後の99年7月13日、上田の離婚が成立する。その2日後、2人は婚姻届を熊本市役所に提出し、ようやく正式な夫婦となったのだ。

「私たちは夢を持って生きてたんです」

恵美子夫人の昼夜を問わぬ懸命の介護のかいあって、01年12月15日、上田はついに退院する。

事故から5年9カ月後のことだった。

しかし、退院といっても症状が劇的に快方に向かったわけではない。それまで看護師や病院関係者がやっていてくれたことを恵美子夫人が自宅で1人、24時間体制で行わなければならない、壮絶な介護生活第二幕の始まりだったのだ。

ただ、それでも2人だけの生活は充実していたと恵美子夫人は語る。

「事故があってから2～3年は、2人で自殺することばかり考えていたんです。でも、家で生活するようになってからは、『いつも前向きに夢と希望を持って生きていこうね』って言うようになりました。トラックにはねられたからって、相手を憎んでもしょうがない。『こういう身体になったけんいうても、あんたは上田に間違いないし、よかれと思った方向に頑張って生きていこうね』言うて。あの人も『よし！』って、いつも言ってましたね」

頸椎損傷による激烈な痛みは生涯続くもの、リハビリとはそんななかで、幻のゴールを目指す終わりなきマラソンだった。それでも自宅で生活をするようになって以降、2人は前を向き続け希望を捨てなかった。

その理由を恵美子夫人は「私たちは夢を持って生きてたんです」と言う。

「事故に遭う前、一緒にアメリカへ旅行に行ったことがあって、それがすごく楽しかったんです。その記憶が残ってたもんだから、事故に遭ったあとも『アメリカはいいね、楽しかったね』という話をしてたんですよ。そしたら、あの人が『また行こう』って。ほぼ寝たきりなのに言うんですよ。

だから『アメリカ行くためにも元気出してよ』って言ったら、『うん、出す！』って。でも、体の状態からして2人だけで行けるわけはないんです。『24時間テレビ』で上田が日本武道館に行った時も、リハビリの先生やら看護師さんやら、10人ぐらいで行ったんですよ。だから『アメリカに行くなら、最低10人は必要やね。となると年末ジャンボが当たらんことには行かれんよね』なんて言って（笑）。それからは毎年、『年末ジャンボは当たったか？』なんて言ってね」

「死ぬ時は〝上田病院〟で死にたい」

過酷なリハビリ・介護生活のなかで生まれた共通の夢。2人はそれを糧《かて》に日々を懸命に過ごすようになった。

しかし、そんな2人の生活は、突然終わりを迎えてしまう。

「その日は朝から元気がなかったんですよ。朝食でパンを一切れちぎって食べさせようとしたら『パンはいいよ』って言うんです。でも、『朝から体力つけんと一日中ダメになるよ。それじゃ、バナナ食べよう』って、バナナを剝いて、ほんのひとかけらを食べさせたんですけど、そしたら『喉までいかない』って。食べ物がうまく喉を通らなかったみたいなんですね。

だから『嚙むだけ嚙んで』って言って、野菜ジュースで流し込むようにして飲ませたんですね。

そのあと口が半開きになって、『あら、どうかしたの？』って言ったら、返事も返って来ん。『あれ、おかしいな』って思ってたら、9時15分ぐらいに訪問看護の人が来たから、『口が半開きになってから返事が返ってこん』って言って。なんか様子がおかしいってことで救急車を呼んで、9時30分くらいに救急車が来たんですね。でも、その時救急車には訪問看護の人が2人、救急隊員も2人乗ったんで、私は乗れなくて、あとから車でついて行ったんです。で、あの人が病室に入るのと私が着いたのと一緒になって。そのあと心電図みたいなのがありまして、最初は動いてましたけど、病院の先生が『MRIにかけていいですか？』って言うから『どうぞ』って言って。そのあと心電図みたいなのがありまして、最初は動いてましたけど、しばらくしたらず～っとまっすぐになったんですよ。そして『ただいま10時7分、お亡くなりになりました』って……」

11年12月21日、上田馬之助（本名・上田裕司）死去。享年71。死因は誤嚥による窒息だった。

「あの時がやっぱりいちばんつらかった。座り込んで、立てんようになってしまって。あとから私、自分を責めたんです。私がもうちょっと早く気づいていたら生きとったものだと思うもんだから。『悪かったね、ごめんね、ごめんね』言うて、ほっぺたを叩いて『起きて、起きて』って言うたけど、なんの返事も返ってこんでね……。

いまは『ああ、あれもしてあげればよかった。これもしてあげればよかった』って、後悔することがいっぱいある。唯一、よかったなと思うのは、まったく苦しまずに、静かに息を引き取ったことですかね。

でも、淋しい。ものすごく淋しい。これでもうアメリカに行くこともなくなったなあと思うとね……」

事故に遭って以降、2人は苦しみも喜びも分かち合いながら、一心同体のように生きてきたが、上田はある日突然、恵美子夫人を残して1人で旅立ってしまったのだ。

しかし、亡くなる前日、こんな言葉を残していたという。

「そういえば亡くなる前の晩、へんなこと言ってたんですよ。あの人、病院が嫌で、いつも『死ぬ時は〝上田病院〟で死にたい』って言ってたんです。〝上田病院〟って、この自宅のことなんですけどね。

そしたらね、前の晩に『上田病院で過ごせてよかった。幸せ、幸せ』なんて言うんですよ。それで『なにをいまさら水臭いことを』言うて。そんな話をしてたんです。なにか自分で感じてたのかなあ。それに私が早く気がついてやればよかったと思うんですけど」

亡くなる前の晩のその言葉こそ、上田が恵美子夫人に伝えたかったことなのだろう。

上田馬之助の事故からの15年間は、あまりにもつらく苦しい日々だった。それでも最期は、恵美子夫人との愛に包まれたまま、幸せにその生涯を閉じたのだ。

阿修羅・原

阿修羅・原　あしゅら・はら■1947年、長崎県生まれ。本名・原進。東洋大学を経て近鉄ラグビー部に所属。1970年にはラグビー日本代表に。77年、国際プロレスに入門。野坂昭如が「阿修羅・原」と命名。81年に移籍した全日本プロレスで「ヒットマン」の異名を得たのち、87年、天龍源一郎とのタッグ「龍原砲」を結成し、「天龍同盟」に発展。88年、全日本を解雇されたが、91年にSWSで復帰。SWS崩壊後はWARへ移籍。94年10月、後楽園ホールで行われた引退試合で龍原砲を再結成した。2015年、肺炎により死去。享年68。

証言 小佐野景浩

棺と一緒に焼いたレボリューションジャケットの思い出

小佐野景浩　おさの・かげひろ●1961年、神奈川県生まれ。高校生で新日本プロレスの私設ファンクラブを設立。83年、中央大学を中退して日本スポーツ出版に入社。94年、『週刊ゴング』編集長に。現在は個人事務所「Office Maikai」を設立し、プロレスライターとして活躍。

取材・文●金崎将敬

荒ぶる「ヒットマン」として、また天龍源一郎との名タッグ「龍原砲」としてプロレス界にその名を刻む阿修羅・原。男気あふれる言動と、まっすぐなファイトスタイルは多くのファンから愛され、まさに記録よりも記憶に残るレスラーの筆頭といえるだろう。

しかし、そのレスラー人生には金銭トラブルや、失踪や解雇といったスキャンダルがつきまとった。引退後はプロレス関係者との縁を断ち、晩年の詳細は知られていない。

「引退後は、プロレス界との接点はあまりなかったと思います。拒絶していたということはないですけど、自分から関わろうという気持ちはなかったんじゃないですかね。それでも、原さんを慕うレスラーは多くて、新日本プロレスが長崎のほうで興行をやったりすると、邪道・外道と会ってご飯を食べたりとか、そういうことはあったみたいですね」

そう語るのは、『週刊ゴング』元編集長で、阿修羅・原の番記者ともいえる存在だった小佐野景浩。公私ともに深い付き合いを続けた小佐野は引退後の原を知る数少ない人物だ。

「引退後の原さんは、母校の諫早農業高校ラグビー部のコーチをしていて、それ以外にも、地元の中学校で、子供たちの体力づくりのトレーニングを指導していると聞きました。その頃はもう原さんのお母様は亡くなっていて、お父様を介護されていました。地元に知り合いもいて、静かに暮らしていたんだと思います。家も建て替えて、それは親のお金だったらしいんだけど、周りの人から『さすが阿修羅・原だ』って言われて、気恥ずかしいよ、なんて言ってましたね」

阿修羅・原に惚れた三遊亭円楽

国際プロレス崩壊に伴い、1981年に全日本プロレスと電撃契約した原。87年に結成した龍原砲では、手抜きのない激しいファイトスタイルを続け、やがて「天龍同盟」へと発展し、全日本のリングに革命をもたらした。しかし、金銭面のルーズさが原因で、試合会場に借金取りが詰めかけるなどのトラブルが続出。88年に「私生活の乱れ」を理由に全日本から解雇されてしまう。

札幌で隠遁生活を送っていた原だったが、91年、盟友・天龍に請われSWSで現役復帰。SWS崩壊後はWARへ移籍。94年に現役引退。10月29日に後楽園ホールで引退興行が行われた。

「引退してすぐにプロレス界と縁が切れたわけではないんです。僕の記憶では、97年6月にWARが後楽園ホールで『レボリューション10周年記念大会』というのを企画して、そこで龍原砲のミニトークショーをやったんです。僕がMCをやらせてもらって、天龍さんと原さんがリング場でトークしました。それと、2001年5月5日に川崎球場で天龍vs冬木弘道の試合があって、その時の特別レフェリーが原さんだった。あれは冬木さんからの要請で受けたんじゃなかったかな。阿修羅・原が引退後にリングに上がったのは、この2回だけだと思います。

あと、プロレスとは直接関係ないけど、WARのレスラーたちがVシネマに出演したことがあって、原さんも出たんですよ。ヤクザ映画で、たしかいい組長役が原さんで、悪い組長役がWA

Rの武井正智社長だった（笑）。天龍さんは先代の組長役で、遺影として出演していました（笑）」

これは97年12月21日にリリースされた『極道の2号たち3』（オールイン エンタテインメント）という作品で、原の演技を観ることができる貴重な作品となった。

01年の天龍vs冬木戦のレフェリー以降、表舞台から遠ざかっていた原は、流れの速いプロレス界で、「消えた存在」となっていた。しかし、そんな原の元には現役復帰のオファーも届いていたという。

「いくつかのインディ団体が打診していたみたいだけど、すべて断ってたようです。でも、10年4月に天龍さんが『天龍プロジェクト』を旗揚げした時に、折原昌夫から『原さんの連絡先を教えてください』って言われて、『どうしても龍原砲を復活させたい』と。それで僕が連絡を取ったら、原さんもやる気になってね。龍原砲ならカムバックしたいってなった。

当時、原さんは地元の長崎にいて、11年の春くらいまではトレーニングをしてたと思うんだけど、やっぱり無理だっていう話になった。ケガをしたのか、病気になったのかはわからないけど、体が戻らなくてやれないと。こちらも無理強いするものでもなかったから、この復帰話はそこで終わったんですよね。

これ以降ですね、原さんとプロレス界との接点がますますなくなっていったのは。お父さんも亡くなって、ひとり暮らしをされてたようです。プロレス関係者とはほとんど付き合いがなくなっていって、マスコミ関係は僕としか連絡取ってなかったと思う。

あと、ずっと付き合いが続いていたのは落語家の（6代目）三遊亭円楽師匠くらいだったと思いますね。プロレスファンとして知られる円楽師匠は、もともと天龍さんと両国中学の同級生という縁があって、全日本と関わりが深かったんです。それで、龍原砲の時くらいから阿修羅・原に惚れたというか、なんだったら俺が面倒みてやるみたいな関係になっていました。円楽師匠が落語の稽古場として借りていた家に、原さんが住んでいた時期もあったくらいですからね。

長崎でやった原さんの引退試合にも、円楽師匠はチケットを買って来てくれました。興行をバックアップしてました。天龍さんと原さんのシングルマッチだったんですけど、ケンドー・ナガサキが乱入しようとしたんですよ。その時、リングサイドにいた円楽師匠が、ナガサキさんの脚にしがみついて『今日だけはやめて！』って止めたことがありましたね（笑）。原さんが反WAR軍をつくって、子分が増えてた頃は、みんなに大盤振る舞いをして借金をつくらないように『これで胸を出す（相撲用語でご馳走するの意味）ように』と円楽師匠が巡業前に原さんにそっと小遣いを渡していたこともありましたね」

苦しくてもレスラーからはお金を借りない

原といえば、カネを借りてまで後輩へ奢り続け、それが原因で借金を重ねたことは有名だ。しかし、その借金癖も徐々に収まっていったという。

「プロレスラーになる前から借金癖はあったみたいですね。でも、贅沢する人じゃないし、女遊びもギャンブルもやらない。でも、人がよくて、面倒見がいいから、後輩たちに奢っちゃうんだよね。自分のカネがなくても奢る人だったから。巡業中、ホテルに泊まった時に、後輩たちの朝食ビュッフェ代をぜんぶ出したりしてね。原さんは『俺はおなかいっぱいだから』って、先にバスに乗るんだけど、自分の分のカネがなかったからなんだよね。

どんなに苦しくても、同業者というか、レスラーからお金を借りるというのはいっさいなかった。だからこそ高利貸しみたいなところから借りちゃって、トラブルになっちゃうんです。でも、借金の大部分はSWSに入った時に、メガネスーパーがきれいにしてくれたみたいですね。だから、引退後も借金でお金に困ってる様子はなかった。10年にラッシャー木村さんが亡くなった時に、原さんが花を出したいっていうから、僕がお金を立て替えたんですけど、原さんはちゃんとあとから振り込んできてくれましたから。僕たちに対しては、お金でトラブルになったことはないです」

多くの後輩レスラーや関係者から慕われていた原。それは、たくさん奢ったから、という理由ではなく、誰に対しても常に親身になって接していたからだったという。

「あと、僕は原さんのちょっとした窓口になっていて、仕事の話があれば原さんに繋いでいたんですよ。ベースボール・マガジン社が有名ラグビー選手のカードを商品化することになって、元日本代表の有名選手だった「原進（阿修羅・原の本名）」のカードの許可を取りたいということで、僕が原さんに繋いだこともありますね。あと、上井（文彦）さんがやってた『WRESTLE－

1GRAND PRIX2005』というプロレス興行に天龍さんが出場することになって、そのセコンドに原さんを呼びたいという話もあった。上井さんに言われて、原さんと繋いだんだけど、これは実現しなかったですね」

原と小佐野は年に数回は連絡を取るという間柄だったが、異変が起きてしまう。「13年の3月に、原さんのTシャツをつくりたいという会社があって、僕がその話を繋いだんです。長崎まで関係者が会いに行くという話で電話をしたんだけど、結果的にそれが僕と原さんがしゃべった最後になってしまったんです。

5月に入って、何度か原さんに電話したんだけど繋がらない。これはおかしいなって心配になって、でもその電話番号しか連絡するあてがないんですよ。それで、たしか原さんの家の前に美容室があったことを思い出して電話してみたんです。事情を説明して『お向かいの原さんの様子を見てくれないか』ってお願いしたら、『原さんなら何カ月か前に救急車が来て、そのあと、たぶん親戚のお家に移ったみたいですよ』って教えてくれたんです。あぁ、原さん具合が悪いのかなって……」

右に「天龍同盟」、左に「龍原砲」と書かれた花

原は11年末頃に肺炎で入院し、その後も心筋梗塞などを発症して入退院を繰り返していたとい

う。15年には再び肺炎で雲仙市内の病院に入院。そして、4月28日午前5時15分、68歳で死去した。

「僕はその日、『Gスピリッツ』の取材があって、ノアの事務所で永源（遙）さんを取材していたんです。その最中にメールが入っていて、取材が終わってから確認したら円楽師匠からのメールで、『阿修羅が亡くなったみたいだよ』って。その時は驚いてしまって、すぐには受け止められなかったですね」

葬儀は原の故郷である長崎・諫早市で営まれた。

「15年の4月30日に諫早市まで行きました。葬儀場は、そこから島原鉄道に乗って干拓の里っていう駅から歩いたところにあると伝えられていました。干拓の里は無人駅なんで、とりあえず降りて、どっちに行けばいいのかなって思ってたら、『斎場に行く方ですか？』って話しかけられて、パっと見たらヤスだったんです」

ヤスこと安良岡裕二は、92年1月にSWSでデビュー。SWS崩壊後はWARに所属し、ジュニア戦士として活躍するも、99年にケガが原因で引退している。

「僕は原さんが引退する時に、原さんが着ていた青いレボリューションジャケットをいただいたんです。でもそれをヤスがほしいって言ってきてね。ヤスは原さんの付き人をずっとやってて、それを考えたら、原さんのジャケットは、僕よりもヤスが持ってたほうがいいなって思って、ヤスにあげたんです」

小佐野と安良岡は約15年ぶりの再会だった。

「ヤスも引退してから見事なほどプロレス界と接点を持ってなくて、姿を消していたんです。99年の6月に引退試合をやって、そのあと（天龍が経営していた）『鮨処しまだ』に行って、WARの仲間だった荒谷（望誉）とか石井（智宏）と一緒に朝まで飲んで、『じゃあね』って別れて、それっきり会ってなかった。連絡も1回も取ってなかった。ほんとに15年ぶりくらいだったんですよ。ヤスは新聞で原さんの訃報を知って、お通夜から駆けつけたそうです。義理堅い男ですよ」

葬儀場にはプロレス関係者の数は少なく、ラグビー時代の知り合いが多く参列していた。

「ゴールデンウィーク真っ最中だったから、プロレス関係は都合がつかなかった人が多かったんですよ。天龍さんも新木場で試合があったから来れなかった。それでも花はたくさん来ていて、邪道、外道、スーパーストロングマシン、ヒロ斎藤、田上明、青柳館長の花もあった。あとはWARと関係が深かったLLPWの神取忍、大向美智子、それに遠藤美月や青野敬子とか。長与千種の花もありましたし、新日本の菅林直樹社長からも。天龍さんからは2つ花が出ていて、右側に『天龍同盟』、左には『龍原砲』と書かれた花が飾ってありました」

この葬儀で、小佐野はあの懐かしいコスチュームを目にする。

「ヤスが、僕が譲った青いレボリューションジャケットを持ってきてたんです。それを最後にお棺に入れて一緒に焼いてもらった。なんかもう……涙が出ましたね」

人たらしで、ピュアだった原の魅力

盟友・天龍源一郎は、原の死について多くを語らず、ノーコメントを貫いた。

「当時、天龍さんは、たまたま別の記者会見があって、原さんについても聞かれたんだけど、ノーコメントだった。やっぱり天龍さんからしてみたら、自分と阿修羅・原のことはひと言で語れないし、ましてや、その関係を知らない人間に聞かれたって答えようがないってことだったと思う。龍原砲の絆は、簡単に語れるものではないほど熱く深いものだったと思うしね。

天龍同盟の頃は、それこそ家族よりも多くの時間を二人は一緒に過ごしていた。移動も一緒、試合も一緒、終わったら一緒に飲みにいって、その間ずーっとプロレスの話をしてる。あの二人はつくられたチームじゃないんだよね。大相撲で前頭筆頭までいった嶋田源一郎という男と、ラグビーで日本のトップまでいった原進という男が、お互いにプライドを持ってプロレスに取り組んで、どこに見せても恥ずかしくないプロレスをしようという気持ちだったんだと思う」

「天龍革命」は、阿修羅・原がいなければ成し遂げられなかった。天龍革命を体験したレスラー、関係者たちは、いまもプロレス界で活躍し、多くの影響を与え続けている。

「原さんは『野生児』とか『ダンプガイ』とか呼ばれていましたけど、モノの考え方はアスリートに根ざしてるから、すごく合理的だった。後輩への指導も、スクワット1000回やれとか、そういう根性論じゃなくて、いかに自分の持っている能力を最大限に発揮できるかどうかってことを考えていた。引退後にラグビーを教えていた諫早農業高校も、のちに全国大会に行ったんですよ。だからコーチとしてもすごく才能のある人だった」

プロレスラーとして阿修羅・原は、華々しい活躍のまま完遂したわけではなかった。しかし、あのファイトを観たファンの記憶には、阿修羅・原の勇姿が強烈に残り続けている。

「原さんは、人たらし的な魅力があった。野性味たっぷりで強面《こわもて》に見えるけど、優しい人で、ちょっと弱みを見せたりするから、みんなほっとけないんだよ。それにスポーツマンらしい、ピュアなところがあるから、だますとか、駆け引きするとかがいっさいない。それだけに、プロレス界では、うまく立ち回れないようなところもあったのかもしれないですね。

僕にとっても、原さんは記者とレスラーという立場を超えた大きな存在でした。僕らは記者という仕事なんで、いくら親しくてもレスラーとは一線を引く立場なんです。だけども、僕は原さんには線を引けなかった。レスラーとしても素晴らしいけど、人として好きだった。ひと回り以上、年は離れてたけど、友人として、人生の先輩として、非常にいい付き合いをさせていただいて、いまでも原さんには感謝しています。僕らは一線を超えてしまったけど、そういう関係になれたことがすごく幸せだったと思うし、プロレス記者になってよかったと思わせてくれる存在のひとりでした」

adidas
Revolution
A·SHU

adidas

永源 遙

永源 遙　えいげん・はるか■1946年、石川県生まれ。61年、15歳で大相撲の立浪部屋に入門するも、65年に廃業。66年、東京プロレス入門。同年10月、木村政雄（ラッシャー木村）戦でデビュー。67年、日本プロレスに移籍。日プロ崩壊後の73年、新日本プロレスに入団。ジャパンプロレスを経て、87年に全日本プロレスに移籍し、「悪役商会」の一員として前座戦線で活躍。“ツバ飛ばし”のムーブで人気者に。2000年、旗揚げからノアに参加。営業部長を務めた。06年3月、引退。16年11月28日、急性心筋梗塞により死去。享年70。

証言 柴田惣一

「亡くなる当日も永源さんはノアの事務所に出社していた」

柴田惣一　しばた・そういち●1958年、愛知県生まれ。82年、東京スポーツ新聞社に入社し、プロレス担当記者に。『ワールドプロレスリング』で90年代中盤から長きにわたって解説者を務める。15年、東京スポーツ新聞社を退社。現在は「プロレスTODAY」等で活躍中。

取材・文●瑞佐富郎

2016年11月28日、急性心筋梗塞により死去した永源遙。元『東京スポーツ新聞』プロレス記者で、『ワールドプロレスリング』解説者の柴田惣一は、その数日前に永源と電話で会話していたという。

「永源さんが亡くなる1週間前か、3日前か、正確な日付けは覚えてないんですけど、世間話というか、いつものバカ話をしました。本当に、普段どおりで元気でしたよ」

東スポにスクープをくれる永源

プロレス記者としてスタートした柴田にとって、永源は最初から胸襟《きょうきん》を開ける存在だったという。

「僕が東京スポーツに入社したのが1982年なんですが、新日本プロレスに初めて行った時、最初に声をかけてくれたのが永源さんだったんですよ。『お前が東スポの新人か。先輩たちにもお世話になってるし、これからよろしくな』という感じで。レスラーって最初はとっつきにくい人が多いんだけど、永源さんは全然そんなところがなくて。向こうから温かく接してくれる感じでしたね。

我々記者は巡業の取材に普通電車で行くんだけど、間に合いそうにない時は、『(選手の)バスに乗って行くか?』と誘ってくれたり。試合前に出くわすと、『飯でも食いに行くか?』、試合後にフラフラしてると、『食事でもするか？』って。勘定はもちろん永源さん持ちでした。とくにペーペーの頃は、本当にお世話になりましたよ。

ファンにも優しくてね。チビっ子ファンの帰りが遅くなると、自分の車に乗せて送ってあげたりね。女性ファンにもです。もちろん勘ぐられないよう、何人か乗せてね。まあ、たしかに女性好きでしたけどね（笑）。未成年がタバコを吸ってるのを見ると、優しく語りかけて、没収するなんて一幕もありましたよ。自分が禁煙してたからかもしれませんが（笑）。

80年代は携帯電話なんてないじゃないですか。だから、マスコミは試合会場に黒電話をひいて、そこから逐一、本社に試合の模様や結果を口頭でリポートするんだけど、永源さんはタダで電話がしたいからよく寄って来てましたよ（笑）。僕らも普段、お世話になってるから、どうぞどうぞと。そういう間柄でした。

ほかにも、栗栖（正伸）さんとかよく電話を使ってたけど、栗栖さんは試合が始まっても、ずっと話し込んでてね。『そろそろ、僕らも本社に電話しないと、サボってると思われちゃうんで……』と言って、ようやく受話器を置いてくれるの。だけど、永源さんは、そういうところもよく気遣ってくれて、僕らの迷惑にならないようなタイミングで電話してましたね」

そんな気遣いの人、永源だったたが、マスコミのなかでも東スポを特別扱いしてくれていたという。

「たとえば、これは僕がスクープしたわけではないけど、長州選手の結婚の情報をいち早く教えてくれたりしました。全日本プロレスが緊急参戦した新日本の東京ドーム大会（1990年2月10日）でも、直接は言わないけど、正式発表される前に、永源さんがいろいろほのめかしてくれるんですよ。『誰かに話でも聞いたほうがいいんじゃないか？』って。それで天龍さんに話を聞くと、『おう、新日本に行くよ』と。馬場さんに確認すると、『なんでお前、それ知ってるんだ？』って。結果的にスクープとして、東スポの上層部に報告して、僕が褒めてもらえたりね。長州さんが、『マスコミは東スポだけでいい』と仰《おっしゃ》ったり、80年代、90年代は、業界全体に東スポ重視の傾向があったのはたしかですね」

家族全員で永源を「タコ親父」呼ばわり

柴田にとっての永源は、年の離れた兄貴のような存在で、プライベートでお世話になることも多かったという。

「永源さんはよく電話もくれたし、僕がしばらく巡業に来ないと、『お前、どうしてるんだ？元気なのか？』とか。そういう優しい人なんですよ。にもかかわらず、僕は普段は永源さんのことを『タコ親父』って呼んでたんですけど（笑）。そしたら女房が、永源さんから電話があるたびに、『あなた、タコ親父さんからよ』と。あげくの果てには、小さかった息子が電話に出た時も、『お父さん！　タコ親父からだよ！』って（笑）。永源さんは『元気な坊ちゃんだね』って、電話の向こうで大笑いしてたけどね。

ほかにも、女房に洋服をプレゼントしてくれたり、僕の結婚のご祝儀も、馬場夫妻と同額くらいいただいたんじゃないかなあ。あと、『子供がたまごっち欲しがってるけど、手に入らないんですよ』と言ったら、どこからか調達して来てプレゼントしてくれたこともありました。大ブームの時ですよ。どこか、闇のルートからの入手かもしれません（笑）。他人を大事にして、顔が広い方でしたからね」

そんな永源の顔の広さは、団体の営業担当として、ふんだんに生かされることになる。

「地元の石川県や、北陸方面だけじゃなくて、各地のプロモーターに顔が利いてましたね。東北地方のプロモーターで有名なMさんっていたんですけど、そのお嬢さんが小学校に入学した時は、立派な学習机を贈ってましたよ。坂口征二さんが贈ったのはランドセルじゃなかったかな。

84年に、永源さんは長州さんたちと新日本を辞めて、ジャパンプロレスをつくったでしょう（その後、全日本と提携）。その時、猪木さんがこう言ったんです。『永源がいるなら、長州たちは大丈夫じゃないか』。実際、プロモーターの方たちからも、『永源ちゃんが向こう（ジャパン、全日本）に行ったから、今度はそっちの興行をやるんだ』という言葉を聞きました。そのくらい、興行面では有能な人だったんですよね」

お客が入らなければ、団体は存続しない。そういう意味で永源は、団体の浮沈、生命線を握っている人物だった。そんな永源にジャイアント馬場も一目置いていたという。

「87年に、ジャパンプロレスが分裂して長州さんが新日本に戻る時、永源さんは言ったんです。『俺は2度も人を裏切れない』と。結局、永源さんは全日本に残る形になったわけですけど、馬場さんが永源さんを手放したがらない部分もあったと思いますね。永源さんの地元の石川県では、とくにいいカードを組んでいましたから、その気持ちを感じましたね」

マスコミの前で選手を怒鳴りつける

90年代の全日本で、永源は「悪役商会」として活躍。ユーモラスな〝ツバ吐き攻撃〟も人気となった。

「久々に全日本を取材した時、僕はそのパフォーマンスを知らなくて。永源さんの試合になると、周囲の記者がサーッと後ろに行くんですよ。『なんなんだ?』と思ったら、ツバが頭に直撃しましたよ（笑）。

永源さんというと、猪木vsアクラム・ペールワン戦に同行したり、その地力もよく噂されるんだけど、僕はそれはそれほど感じませんでしたね。ドン荒川さんや栗栖さんは、『この人は、やる時はやる人だな』と感じてましたけど。永源さんは、後年は楽しんでプロレスをやってたんじゃないかな。永源さんの41歳の誕生日（87年1月11日）に、記者席で紙に大きく『41』と大書して出したんですよ。そしたら永源さん、試合中にもかかわらず、『プッ』って吹き出してましたね（笑）」

99年1月、ジャイアント馬場が急逝すると、マット界に激震が走る。永源は三沢光晴が興した団体、ノアへ移籍する。

「当時、僕は東京スポーツのデスクだったんですが、全日本の分裂については、その予兆のような情報や動きが次々あがってきて、しょうがないかなという気持ちでしたね。あの三沢でもどうにもならなくなった、という感じで。馬場元子さんが、僕らの目の前でも平気で選手を怒鳴りつけるとかはあるわけですよ。

巡業中、酔っぱらってホテルに帰ったら、たまたま元子さんのホテルの部屋のドアが空いてて。マッチメイクの相談をしてたと思うんだけど、そこから元子さんの『私はそんなの嫌だ！』という怒号が聞こえたり……。もちろん元子さんは僕らにはやさしい人で、キチンと応対してくれていました。だから僕も、あえて憎まれ役に徹しているのかなと思うようにはしてたんですが……。そういう生の現場を知っていただけに、生前の馬場さんも元子さんに少し言ってあげてればよかったのにな、とは思ってました。普通の社会では通用しないよ、ということを」

ノア移籍後、興行の開催費をそれまでのメジャー団体とくらべて格安にするという戦略もあり、永源の役割はますます大きくなっていった。

「やっぱりノアと言っても、地方じゃ誰も知らないわけですよ。馬場さんもいないし。そんななかで永源さんの営業力というのは、ノアにものすごく寄与したと思いますね。興行を安く売っていたというのは聞いたことがあります。やっぱり、ノアは全日本を抜けてできた団体ですし、知名度もない。だから最初は安くしてでもプロモーターに興行を買ってもらって、少しずつ上げていく。そういう部分でも、永源さんのこれまでの興行面での手腕が生きたと思いますね」

永源引退パーティーに集まったコワモテたち

ノアには三沢社長の片腕として辣腕を振るった仲田龍リングアナもいた。そんな仲田と、地方のプロモーターと関係が深かった永源との仲はどうだったのか。

「全日本時代の龍ちゃん（仲田リングアナ）と永源さんは、微妙な距離感だったと思いますね。というのは、永源さんは馬場さんに気に入られてたけど、自分から馬場さんに近づこうっていうのはないわけですよ。ところが龍ちゃんは馬場さんの付き人でしたし、自分はそのナンバーワンになりたいっていうのもあったから。まあ、大人としての関係は保っていたとは思いますね。

全日本の大阪大会の時かな？　コワモテのボスの奥様がリングサイドにいたことがあって、永源さんとはツーカーの仲だったようなんですね。永源さんはそういう方面にも顔が利いた人だし、それで龍ちゃんとしても、そういう人たちとのお付き合いは、慣れた永源さんに任せてたほうがいいですからね。一方で永源さんは、自分からはあまり表に立ちたくない人だし。だから、言い方はよくないかもだけど、お互いにうまいこと利用し合えてた部分はあると思いますよ」

06年3月26日、永源は引退。引退パーティーは4月28日、帝国ホテルで行われたが、その時、改めて永源の人脈のすごさを感じさせる出来事があったという。

「引退に関しては、『還暦を過ぎたら引退するから』とはよく本人から聞いていたので、驚きもなかったですね。その後、営業部長として残ることも決まってましたし。ただ、思い出すのは引退パーティーのこと。ノア勢はもちろん、梅宮辰夫さん、渡哲也さんなんかも来てて、あと、西城秀樹さんが歌ってたんですよ。そしたら龍ちゃんが近づいて来て言うんです。『柴田くん、あっちの部屋で永源さんが柴田くんのこと呼んでるよ』って。『あっ、そう？』って、その部屋に入ったら、一斉にみんなが『ん!?』って僕のほうに振り向いてね。その異様な迫力。コワモテのボスの人たちが、まとめられていた部屋だったんです。ボスだから、変なこともなければ、どこかの大企業のお偉いさんにも見えるけど、何十人もいてね。思わず僕も『すみません、間違えました！』って急いで退散しましたよ。龍ちゃんのイタズラだったんだけど、ああいう人たちにバッと見られた時の威圧感、あれはいまでも思い出します。永源さんの引退パーティーでいちばん記憶に残ってるの、それなんですよ（笑）」

04年、05年と東京ドーム大会を成功させ、順風満帆に見えたノアだったが、09年3月に日本テレビの地上波中継が終了。6月には三沢が試合中の事故で急逝する。永源が元気をなくした様子は、柴田さんにもわかったという。

「やっぱり不安を感じたんじゃないかな。それはビジネスマン、興行主としてね。やっぱり酸いも甘いも、山あり谷ありもわかって来てる人だったから。全日本が日本武道館大会を年7回やってた頃がいちばん儲かってたって言ってました。和田京平や龍ちゃんは、この頃、ボーナスを入れた封筒が立ったとか、よく言われてましたね。ヘタすれば、馬場さんや元子さんの周りにいる人間のほうが、選手より手取りがよかったかもしれない。

馬場さんの基本的なスタンスは、儲けは個人事務所のビーアンドジェーとジャイアントサービス、経費はすべて全日本と日本テレビという感じなんです。常宿にしていたキャピトル東急の経費だって、すべて日本テレビにつけてたっていう話ですからね。

ただ、龍ちゃんと和田京平に関して言えば、24時間、365日、馬場さんのかたわらで世話をして、その分、プライベートもなにもなかったから。そういう意味でいえば龍ちゃんと和田京平はすごかったと思いますよね」

いつの間にかタニマチが増える永源

その仲田龍も14年2月15日、永眠。そして、ノアを営業部長として支えていた永源も2年半後に逝去。実は死去の当日も永源はノアの事務所に出社していた。午後に退社し、都内のサウナ店で倒れたという。死因は急性心筋梗塞。享年70だった。

「訃報は大塚直暉さん（元ジャパンプロレス社長）から聞いたと思います。永源さんとは昔からすごく仲がよくて。弔辞も大塚さんが読んだんじゃないかな。なにせ大塚さんは大塚さんで、元新日本の営業部長でしたからね。永源さんには息子が2人いるんだけど、1人は大塚さんの会社で働いてるほどですから。

自分で言うのもなんなんですが、僕は永源さんにかわいがってもらっていたと思ってますよ。永源さんは派閥をつくる人じゃなかったから、近かった人はみんながそう思ってるかもしれないですけど。

永源さんに対する悪口を聞かなかったわけじゃないんですよ。でもそれは、『永源にタニマチを紹介したら、永源がそれを奪い取っちゃった』みたいなもので。言い換えれば、永源さんのほうがその人より、仲良くなってしまったということですよね。ということは、永源さんのほうがその人より、気遣いができていた、心を摑んでいた、ということなんですよね。

人望と優しさのある人だったから、そういう逆恨みはあったと思います。

まあ、同じくタニマチの多いドン荒川さんとの関係は微妙な感じでしたけどね。感覚も別ですから。荒川さんは、狙ったタニマチは、ちょっとしつこいくらい取り入って、必ず自分のものにするタイプ。永源さんは、優しく事後のケアをしていったら、いつの間にか自分の味方にしているといった具合でしたからね。

でも、その分、受けた恩に対する御礼をしない選手や関係者の態度を、憂いていることはありました。若くしてスターになった某選手とかね。

永源さんには、人付き合いについて多くを学ばせていただいたことを感謝しています。人になにかしてもらったら、忘れずに御礼を返すと。もっとも、永源さんがなにかしても、それが返って来ないこともあったと思う。でも、それでもいいやって笑っていられる、本当の意味で他人を大切にできる人でしたね」

冬木弘道

冬木弘道　ふゆき・こうどう■1960年、東京都生まれ。79年に国際プロレスに入門。81年の国際プロレス解散後は全日本プロレスに移籍。87年、天龍同盟に参加し、川田利明と「フットルース」を結成。90年にSWSに移籍するも、92年にはWARに参加。邪道、外道と冬木軍を結成したのちは、「理不尽大王」として多団体に参戦する。96年のWAR離脱後、冬木軍プロモーションを設立。主戦場としていたFMWで大仁田厚を追放し、冬木体制を確立。02年、FMW倒産後はWEWを設立。03年3月19日、ガン性腹膜炎により死去。享年42。

証言 金村キンタロー

「ああ、俺はやっぱり死ぬんだな」とボスはニヤリと笑った

金村キンタロー　かねむら・きんたろー●1970年、三重県生まれ。アニマル浜口ジム出身。94年からFMWに参戦。W★ING同盟を結成し、大仁田厚ら正規軍と争う。FMW倒産後は冬木弘道のWEWに参加しながら、ZERO－ONEにも参戦。04年、「アパッチプロレス軍」を旗揚げ。16年12月の「金村キンタロー引退興行」で現役引退。

取材・文●ジャン斉藤

冬木弘道は1980年5月に国際プロレスの北海道巡業中にデビュー。国際崩壊後は全日本プロレス、SWS、新生FMWと渡り歩いたが、自身の団体を旗揚げ直前の2002年に大腸ガンが発覚。闘病の末、03年3月19日、42歳で死去した。

冬木は亡くなる8日前、医者の静止を振り切って病院を抜け出し、青ざめた表情でZERO－ONE後楽園ホール大会のリングに上がった。ガンのために約1年前に現役を引退していたが、きたる5月5日に一夜限りの復帰を公表。対戦相手に橋本真也を指名し、有刺鉄線電流爆破デスマッチを要求した。

身体をフラつかせながら文字通り命懸けで対戦を迫る冬木の覚悟を汲み取った橋本は「冬木さん、やりましょう。その前に内なる戦いに勝ってください‼」と受諾した。しかし――冬木は橋本の待つリングに上がることはなく、病室で息を引き取った。彼を「ボス」と慕っていた金村キンタローは冬木の最期を見届けた1人だった。

三沢光晴とのシングルマッチ後にガンを公表

「冬木さんと初めて顔を合わせたのは新生FMWの時です。自分はもともと冬木さんが敵対していた大仁田（厚）さん側の人間だったんですけどね。大仁田さんが新生FMWから離れて、冬木さんが現場を仕切るようになって、そこから一緒に行動するようになったんですよ」

冬木体制の新生ＦＭＷはエンターテイメント性の高いプロレスを標榜し、従来のプロレスの常識では考えられない企画を連発、芸能人もリングに登場させ試合をさせていた。しかし、冬木の型破りなやり方に反発して離脱していくレスラーは続いた。

「タレント使ったり、素人使うのは嫌だと。僕も嫌ではありましたね。ただ、ボスが決めたことだから従っただけで。やっぱりプロデューサーとしては優秀っていうか、信頼していたところはありましたから。新生ＦＭＷのイメージから、ボスはけっこうプロレスの許容量が広いようなイメージがありますけど、締めるところは締めなきゃダメってことで。『とにかくプロレスを考えろ。バカなことをやるにしても真剣にやってくれ』って言われて。ブリーフブラザーズもすごい揉めたんですよ」

ブリーフブラザーズとはブリーフ姿でリングに上がり、コントも披露する異色のユニットだった。新生ＦＭＷはお笑いを含めた自由度の高いエンターテイメントプロレスだったが、冬木の真意はどこにあったのか。

「ボスはブリーフブラザーズを中途半端にはやらせたくなかったんです、コントをやるにしてもネタもちゃんと考えろって。やるんだったら真剣に考えてやれってことですね。すごくプロレスのことを考えてる人だったから、新生ＦＭＷは冬木さんに助けられたと思いますよ。

結局、新生ＦＭＷが経営難でダメになって、冬木さんは相当悔しがってましたね。やっぱりあの路線は、お金がたくさんないと難しい。ＷＷＥみたいにお金があったらなあ……ってよく言ってました。お金があったら、レスラーや芸能人はどんなキャラクターでもやってくれるだろうと。そこらへんは悩んでましたね」

新生FMWの破綻後、冬木は新団体WEWの設立に動くが、その前に全日本プロレス時代から旧交のあった三沢光晴が率いるノアに参戦する。そこで15年ぶりとなる三沢とのシングルマッチ（02年4月7日）が実現するが、実はその時点で冬木は病魔に侵されていた。

「三沢さんとノアの有明コロシアムでシングルマッチをやる前日に、いきなり電話がかかってきて『明日、俺のセコンドに来い』って言われたんです。そのうえコスチューム一式、一応持ってこいと。詳しい話を聞いたら『ぎっくり腰やっちゃってよ、もし俺が試合できなくなったら、お前が俺の代わりに三沢とやってくれ』と。ぎっくり腰というのは嘘で、病気で具合が悪かったのかもしれないですよね。この話はおそらく三沢さんたちも知らないと思うんですよね。自分もその時点でボスの体がそんな大変なことになってるとは思ってないから、一応コスチューム一式持って会場に行きましたけど。三沢さんとシングルなんて恐れ多いので、ボスになんとかやってもらえればなあって」

試合当日、冬木は予定通りリングに上がり、三沢光晴とのシングルマッチを無事にやりとげたが、その2日後、冬木は記者会見で大腸ガンを患っていることを告白。現役引退の決断を下した。

「三沢さんとの試合が終わってから、奥さん（冬木薫）から電話があり、『実は……』ってことで病気のことを知りました。とりあえず選手はまとめなあかんと思って、WEWの全員呼んで、冬木さんはガンやからって伝えて」

抗ガン剤の治療を拒否した冬木

〝理不尽大王〟として世間をあざ笑うかのような振る舞いを続けてきたことで、ガンの告白や引退をマスコミやファンは当初は半信半疑で捉えていた。近々に旗揚げするＷＥＷの話題づくりではないか――。しかし、会見にはノアの三沢光晴が同席し、４月14日にディファ有明でノア主催による冬木弘道引退興行が行われ、興行の収益はすべて冬木に贈呈されることが発表された。あの三沢が公私の立場を超えて冬木のために動いたことで、冬木の発表を訝しげに見ていた世間の背筋も伸びることになる。

02年の４月７日に三沢vs冬木のシングルマッチ、４月９日にガンの告白、４月14日に引退興行――という激動の１週間を経て、冬木は４月18日にガンの手術を受ける。

「僕は１回目の手術が終わったあとに病院に見舞いに行ったんですよ。ちっさい個室だったんですよね。最初言った言葉が『せまっ！』で（笑）。テレビも消えてたんで『ボス、テレビとか観ないんですか？』って聞いたら、『いや、それがよ、退屈なんでテレビをつけたら、ガッツ石松の顔がアップで出てきて『ＯＫ牧場！』って叫ぶんだよ。お腹を手術したばっかなのに笑いすぎちゃって痛くてよ。だから俺はテレビ観ねえんだよ』って」

リングから身を引いた冬木はWEWのプロデューサーとして再出発するはずだったが、この手術から4カ月後——冬木のガンは肝臓に転移していた。冬木はそこから抗ガン剤の治療を拒否するようになったという。

「あの人、抗ガン剤を使わなかったんですよ。医者からも『抗ガン剤を使わなかったら1年持ちませんよ』って言われてるのに。僕がなぜ抗ガン剤を拒否するのか聞いたら『抗ガン剤の影響で髪の毛がなくなったら、お前にバカにされるからだ』とは言われましたけど。それは冗談だったんでしょうけど……芯が強い人なんで、他人がなにを言っても無理でしたね。

ボスには詐欺師みたいな人間も近寄っていたんですよ。ボスもその人間の言葉を信じるんですよ。自然療法ってやつですね。その詐欺師が抗ガン剤を使わなくても治る、治すって。『ワインも味が一瞬で変わるんだよ』とかわけのわからないことを言ってて。変わるわけない。そのおじいちゃん、ガンで死んだんですけどね」

フラフラの状態で橋本に電流爆破を直訴

02年12月のZERO-ONEの興行でガンの再発を明らかにした冬木は、翌03年5月のWEW川崎球場大会で一夜限りの復帰を発表。橋本真也との有刺鉄線電流爆破デスマッチの実現を掲げた。冬木はガンに打ち勝ち、生き抜くための希望を自ら掲げ、そしてその生き様をファンにエンターテイメントとして消費してもらう行動に出た。

「ボスがマイクを持って『ガンが転移した。先が短いんだよ』って言ったら、客が笑ったことを覚えてますよ。復活して川崎球場で試合をするぞと。またメチャクチャなこと言うて、とは思いましたね。でも、あの人が決めたら、僕はノーは言えなかったんで。それに5月5日までは、試合ができるかはともかくその日は迎えられると思ってたんです、その時は……」

抗ガン剤を拒否した冬木の容態は日に日に悪化していく。冒頭でも触れたように、冬木は亡くなる8日前、橋本に試合を直談判するためにZERO－ONEの後楽園ホール大会に乗り込んだ。足元がおぼつかない冬木の両脇を金村と黒田の2人が支えていた。

「モルヒネ打ったまんまでフラフラで、もう汗とかすごかったです。『もうやめましょう。すべてをさらけ出すのがプロレスラーですけど、こんなんはやりすぎですよ！』と言ったんですけどね……ボスは聞いてくれなかったです。自分たちに口を酸っぱくして言っていた『とにかくプロレスを考えろ。バカなことをやるにしても真剣にやってくれ』ってことなんでしょうね」

冬木とリング上で対峙した橋本は、満身創痍、鬼気迫る冬木に残された時間がもうないことを悟り、5月5日の試合を受諾した。橋本真也人生初の有刺鉄線電流爆破デスマッチはこうして決定。控室に戻った冬木は橋本の気遣いを察したのか、「ああ、俺はやっぱり死ぬんだな」とニヤリと笑ったという。

病院に戻った冬木は、いつ天国に旅立ってもおかしくなかった。金村は病院に泊まり込みで冬木を看病した。

「僕とか黒田哲広は病院で仮眠を取ったりしてたんですよ。そうすると冬木さんから『お前たち、こんな夜中なのにまだいるのか』って煙たがられて。『いや、この近所に遅い時間からやってるキャバクラがあるんですよ』って嘘をついたら、冬木さんは何十万か渡して『これで遊んで来い！』って。仕方ないので外で適当に時間を潰して戻って、お金は奥さんに返して」

意識朦朧のなか「橋本のキックは痛いんだよなあ……」

冬木夫人は、それまで夫と親交の深かったレスラーや関係者を病院に呼びよせ、最後のお別れを働きかけた。元『週刊ゴング』の編集長の小佐野景浩もその一人。小佐野は当時をこう回想している。

「03年の3月16日に仙台でＷＪの興行があって、天龍さんは日帰りで東京に帰ってきたんです。僕も取材に行っていて同じ新幹線だったんだけど、僕は普通車、天龍さんはグリーン車。その日の車内は超満員で身動きも取れないなか、僕の携帯がやたら鳴るんですよ。仕方なく電話を取ると、『ゴング』編集部からで『冬木さんの奥さんから連絡があった。今日の夜、冬木さんが強い薬を打ってしまうので、ちゃんとしゃべれなくなるから、今日会える人がいたら会わせてあげたい』と」（『Ｄｒｏｐｋｉｃｋ』メルマガ）

小佐野が天龍に冬木の容態を至急伝えると、天龍は病院へ向かうことをためらった。一度も見舞ってない天龍がかつての弟子を励ましに行くことで、逆に不安にさせてしまうのではないか——。しかし、小佐野の「冬木さんはそんなことも考えられない状態だと思います」という言葉にも押され、天龍は横浜の病院に向かった。タクシーで到着すると、ちょうどノアの三沢と小川良成が面会から帰ったところだった。

まだ意識がハッキリとしていた冬木は「5月5日はこんな状態でシングルマッチは厳しいんで、天龍さん、お願いだから自分とタッグマッチを組んでくださいよ」と懇願する。冬木の頼みを頷きながら聞き入れた天龍が帰ろうとすると、冬木は「下まで見送ります」とチューブに繋がれた身体を起こそうとしたが、天龍は「いいから寝てろ」と手で制した。それが天龍と冬木の師弟の最後のやり取りだった。その様子をかたわらで見守っていた金村は、冬木と最後に交わした自身の会話を振り返る。

「ボスに突然『お前何キロだ?』って聞かれたんですよ。『130キロありますね』って答えたら、『負けたな、お前のほうが重いよ』って言われたんですけど、亡くなったあとボスの体重を計ったら147キロあったんです。全然負けてないですよね(苦笑)。ボスの見た目は変わってないけど、体中が管で繋がれてました。膀胱にも管が入ってたんで、おしっこも行けないし、最後のほうはモルヒネを打ってることも自分ではわからなかったんじゃないですか。『ボス、これはモルヒネですか?』って聞いたら奥さんにギュッとつねられましたから。モルヒネすらも打ちたくなかったんですかね。意識朦朧としながらも『橋本真也のキックは痛いんだよなあ……』とか言うてました。あの人、絶対に電流爆破をやるつもりだったんですね」

自分の死をエンターテイメントに昇華させた冬木

冬木弘道の最期を看取ったのは、冬木夫人と2人の娘、そして金村と黒田だった。

「最後の2~3日はみんなで泊まり込みっていうか、いつ亡くなるかわからないみたいな状態でしたからね。奥さんと娘さんをちょっと休ませようってことで、僕らが看てるんで、一回帰宅して仮眠を取ってゆっくりしてくださいと説得したんです。それで奥さんたちを帰らせたあとに、急にボスの容態が悪くなって、先生や看護師さんたちがバーッと病室に入ってきて『いったん出ていってください。すぐに奥さん、家族を呼び戻してください』と。慌てて奥さんに連絡して病院に戻ってもらって……家族のみんなに看取られてボスは亡くなったんです」

冬木を看取った金村だったが、告別式に出席しなかった。

「ほかのみんなもそうですが、試合の予定があったんですよね。奥さんが『パパが生きてたらなんて言ったと思う?』って聞いてきたので、間違いなく『試合に行け!』って言うでしょうねって返したら、奥さんも頷いて。僕は大阪で大日本プロレスの試合があったんですよ。大阪に着いて、会場に向かうタクシーに乗る前に『運転手さん、東京ってどっちのほうですか?』って尋ねて、東京に向かって手を合わせました」

冬木が一夜限りの復帰を果たすはずだった、03年5月5日のWEW川崎球場大会の有刺鉄線電流爆破デスマッチも予定通り行われた。冬木の代わりに橋本真也と闘ったのは金村だった。試合前、リングサイド最前列の夫人から冬木の骨壺を預かった橋本は、リングに上がると後ろ向きのまま電流が走る有刺鉄線に飛び込み、骨壺ごと爆破を浴びた。その直後、橋本から骨壺を受け取った金村もそれに続いた。

冬木弘道は死してなお爆破を受け取った。それは自分の死をエンターテイメントに昇華させた瞬間でもあった。

「自分も、たまに冗談で、いつ復帰するの？って聞かれるんですけど。一度引退したってことは、体がもうダメだってことなんですよ。だからこそ一度は引退したボスが、あんな病気をしてるのに、またリングに上がることへの執念っていうのはすごく伝わってきましたね。どんな形であれ試合をしてもらいたかったです。いや、ボスも試合はできたんじゃないかな……って自分は思いますね」

ブルーザー・ブロディ

ブルーザー・ブロディ　ぶるーざー・ぶろでぃ■1946年、アメリカ・ミシガン州生まれ。本名、フランク・グーディッシュ。ウエスト・テキサス州立大学でアメリカンフットボール選手として活躍。68年にNFLの「ワシントン・レッドスキンズ」に入団。故障から3年で引退。73年、フリッツ・フォン・エリックに誘われプロレスラーとしてデビュー。76年にリングネームをブルーザー・ブロディに改名し、WWWF（現・WWE）へ参戦。79年、全日本プロレスに初来日。スタン・ハンセンとの「超獣コンビ」で活躍。85年、新日本プロレスに移籍。87年、全日本に復帰。88年7月16日、プエルトリコ遠征中、レスラーとの口論の末、腹部をナイフで刺され、翌7月17日、出血多量により死去。享年42。

証言 斎藤文彦

溺死、放火……ブロディ刺殺犯に続いた不幸のスパイラル

斎藤文彦　さいとう・ふみひこ●1962年、東京都生まれ。早稲田大学大学院スポーツ科学研究科修士課程修了。81年より『月刊プロレス』の海外特派員を務め、83年『週刊プロレス』創刊時より同誌記者として、海外リポートやコラムなど様々な記事を担当。著書に『ブルーザー・ブロディ30年目の帰還』など多数。

取材・文●堀江ガンツ

現地時間1988年7月16日、ブルーザー・ブロディは、プエルトリコのローカル団体WWCに参戦中、同団体のマッチメイカー兼レスラーのホセ・ゴンザレスとトラブルが発生。ドレッシングルームのシャワー室でゴンザレスに腹部をナイフで刺され、翌17日、出血多量で帰らぬ人となった。42歳という若さだった。

「どうやらブロディが死んだらしい」

その噂はプロレス関係者の間を瞬く間に駆けめぐった。『ブルーザー・ブロディ30年目の帰還』(ビジネス社)の著者であるプロレスライターの斎藤文彦は、その第一報をアメリカで聞いたという。

「ボクはあの日、取材のためにテキサス州ダラスにいたんですが、ネットも携帯電話もない時代に、刺された翌日にはその噂がアメリカ中に広まっていたんです。ボクもいろんな人と電話で情報交換をするなかで情報のパーツが集まってきて、『どうやらブロディはプエルトリコで殺されて、刺したのはプロレスラーのホセ・ゴンザレス』ということがわかった。それで当時ボクが関わっていた『週刊プロレス』の編集部に電話してみたら、編集部にもすでに情報が入っていて、ちょうど校了日の朝だったこともあり、記事や表紙の差し替えで大混乱になっていたんです」

実はこの時差し替える前の週プロの表紙は、当時の超・夢のカードであったブルーザー・ブロディvsスタン・ハンセンの一騎打ちが、ついに実現することを伝えるものだった。88年8月29日の全日本プロレス日本武道館大会のメインイベントは、ファン投票で決定するという企画が進んであり、そうなると1位はブロディvsハンセンのシングル初対決になることは、火を見るより明らかだったからだ。

しかし皮肉にも、そのブロディvsハンセン戦が組まれるはずだった武道館大会は、ブロディ追悼大会になってしまったのである。

「87年10月にブロディが全日本に復帰した時、ジャイアント馬場さんの頭の中には、ブロディvsハンセン戦を実現させたあと、88年暮れの『世界最強タッグ決定リーグ戦』では、ジャンボ鶴田&ブロディ組vs天龍源一郎&ハンセン組という、夢のタッグ対決も構想に入っていたようです。だから生きていれば、ブロディがらみの夢のカードが次々と実現するはずだったんです」

ブロディが凶刃《きょうじん》に倒れたことで、それらプロレスファンの夢の数々は、実現を目前にして永遠に消滅してしまったのだ。

ブロディにとって重要度が増していったプエルトリコ

なぜ、ブロディはプエルトリコに行き、そこで殺されなければならなかったのか。それを探るためには、まず当時のアメリカ・マット界の状況を知る必要がある。

ブロディといえば、アメリカではビッグプロモーションに所属することなく、各地のローカル団体を超大物として渡り歩いていたことで知られている。そうすることで雇い主であるプロモーターと対等の関係を築き、我を通すことができていた。プロモーターとレスラーの主従関係を覆す、それもまた〝ブロディ革命〟と呼ばれるものであった。80年代前半まではアメリカ中に大小のプロモーションが共存共栄しており、100%プロモーターの言いなりにはならない〝フリーの超大物〟というブロディ的な生き方が可能だったのだ。

しかし、80年代半ばになると、アメリカにおけるプロレス界の状況は一変する。84年からWWF（現・WWE）による全米制圧作戦がスタートし、各地のプロモーションがどんどん潰れていったのである。そしてブロディもこのマット界再編の波に巻き込まれていくことになる。

「ブロディとプエルトリコとの関係というのは、実はそんなに古いものではなく、亡くなる4年前の84年からなんです。ブッキングしたのは、当時、比較的頻繁にプエルトリコに行っていたザ・ファンクス。それ以降、ブロディにとってアメリカ本土から離れたプエルトリコという土地は、自分がギャラを稼げるいくつかのオプションの中のひとつとしてキープしておいた〝縄張り〟だったんです」

80年代の半ばまでブロディの主戦場は、あくまで全日本or新日本プロレスと全米各地のローカル団体だった。その状況が80年代後半になると徐々に崩れていき、プエルトリコの重要度が増していったのだ。

「ブロディがプエルトリコのリングに上がり始めた84年というのは、ちょうどWWFが全米侵攻作戦を始めた時。各地のプロモーションがどんどん潰れていき、80年代後半になると〝BIG

5〟と呼ばれた5団体に絞られてくる。WWF、NWAクロケットプロモーション、AWA、ダラスのWCCW、ビル・ワット派UWFの5つです。

ブロディは80年代後半、WWFを除くこのBIG5に上がっていたけれど、UWFがNWAクロケットプロに吸収され、WCCWはテネシーのCWAと合併するもその後、活動休止となるなどして、上がるリングがどんどんなくなっていった。もはやアメリカでトップレスラーとして食べていくためには、WWFかNWAクロケットプロのどちらかに所属しなければならず、フリーランスの大物として、各地で大金を稼ぐことが難しい時代になっていったんです。

でも、ブロディとしてはその2大メジャーには行きたくなかったわけです。その証拠に、85年に全日本から新日本に移った時のブロディには、新日本での活動と同時進行でWWFのリングにも上がって、ブロディvsホーガンで全米ツアーを回るというオプションもあった。それなのに、ブロディは結局WWFには行かなかった。

ホーガンと夢の対決が実現しても、WWFというパッケージ化されたシステムの中では、ブロディといえども、ビッグ・ジョン・スタッドやキングコング・バンディといったスーパーヘビー級のキャストと同じように、〝ホーガンの相手〟でしかなくなり、レッグドロップ一発で負けていた公算が高い。それが自分でもわかっていたんでしょう。

ご存じのとおり、ブロディというのは〝負けない人〟。新日本では、あのアントニオ猪木とわずか1年ちょっとの間に7度もシングルマッチを行っていながら、一度も完璧なピンフォールを奪わせず、すべて反則やリングアウト絡みで、２勝１敗４分で勝ち越している人ですから。でも、ＷＷＦではそういった我を通すことができないと察したことで、85年に新日本とＷＷＦを行き来するというプランは実現しなかった。だから、事件が起きた88年の時点でも、ブロディはいくらギャラが良くてもＷＷＦに行くというオプションは考えてなかったと思います」

そして86年末にタッグリーグ決勝戦ボイコット事件を起こしたことで新日本を永久追放になったあと、アメリカでの稼ぎ場がどんどんなくなっていったブロディは、87年末から主戦場を全日本に定め、オプションとしてプエルトリコに足が向かうようになっていった。そこで悲劇が待っていたのだ。

リング上のストーリーではブロディとゴンザレスは友人同士

88年7月、ブルーザー・ブロディはＷＷＣの短期ツアーに参加するために、プエルトリコに降り立った。

7月14日と15日にローカルのスポットショーで試合を行い、16日は現地の中心都市の一つバヤモンのファン・ロブリエル・スタジアムでビッグショーが予定され、そのドレッシングルームでブロディはホセ・ゴンザレスにナイフで刺されてしまう。

事件の前兆のようなものはとくになく、14日と15日、ブロディはビクター・キニョネス、ゴンザレスと3人で車に乗って会場に移動。14日の試合でブロディはゴンザレス（インベーダー1号）とタッグも結成している。

当時、プエルトリコでのブロディのポジションは、絶対的エースであるカルロス・コロンに次ぐ、外様の大物ベビーフェイス。もともとはアメリカ本土から来た〝外敵〟ビッグヒールだったが、87年にヒール軍団に血だるまにされたインベーダー1号を救出したことから、地元プエルトリコ側に〝助っ人〟としてベビーターンした。

皮肉なことに、リング上のストーリーではブロディとゴンザレスは友人同士ということになっていたのだ。

では、実際の刺殺犯のホセ・ゴンザレスとブロディの関係はどうだったのか。2人の出会いは、事件の12年前にさかのぼる。

「ブロディは76年7月から77年1月まで半年間、WWWF（79年にWWFへ改称）に〝新顔のメインイベンター〟として参戦して、東海岸エリアをツアーしていたんですけど、その前座試合には必ずホセ・ゴンザレスの名前があったんです。そしてノーテレビの興行でブロディは、ホセ・ゴンザレスと15回試合をして全勝したという記録が残っている。おそらく、ゴンザレスにはほぼなにもやらせず、顔面にビッグブーツを入れて、すべて秒殺で勝っていたんでしょう。

実はブロディとゴンザレスは、2人とも46年生まれの同い年なんです。誕生日も3カ月くらいしか離れていない。

当時ゴンザレスは、同じプエルトリコ出身のペドロ・モラエスがスーパースターになっていたＷＷＷＦにおいて、キャリア10年の中堅どころのベビーフェイスだった。それに対してブロディは、まだキャリア3年で、ＷＷＷＦにおいては新参者。であるにもかかわらず、試合になれば、ブロディはゴンザレスに対して鼻にもかけないくらい一方的に秒殺を食らわせてたんです。

だからブロディ本人は無意識でやっていたと思うけど、ホセ・ゴンザレスからしたら、ブロディはとっても嫌なヤツという感情があったと思います」

ブロディといえば、体の小さなレスラーは認めないという傲慢さがあったといわれる。事実日本でも長州力とタッグで対戦した際（85年3月9日、両国国技館での長州力&谷津嘉章vsブロディ&キラー・ブルックス戦）、長州の技をほとんど受けずに、一方的な試合を行っている。

76年から77年のＷＷＷＦ時代も、身体の小さなプエルトリカンであるホセ・ゴンザレスを見下し、相手にしなかったのだろう。それがブロディは無意識だとしても、やられた側のゴンザレスには恨みが蓄積されていったことは想像に難くない。

その後、ゴンザレスは77年にＷＷＷＦから故郷プエルトリコに戻り、ＷＷＣでマスクマンのジ・インベーダー1号に変身。翌78年からは同団体の役員にもなり、マッチメイカーとしてドレッシングルームでの〝ボス〟のひとりにもなった。

にもかかわらず、80年代半ばからＷＷＣに参戦するようになったブロディは、オフィスの言うことを聞かない、傲慢な大物フリーレスラーのまま。マッチメイカーであるゴンザレスとの衝突は、避けられなかったのかもしれない。

「あの88年当時、プエルトリコとの関係が深くなり始めていたブロディは、WWCの株式を購入し役員に就任するという話が進んでいたらしいんです。となれば、団体内での発言力はさらに増して、プエルトリコにもセミレギュラーとして頻繁に来ることになる。これはホセ・ゴンザレスにとっては、死活問題だったのかもしれない」

ゴンザレスの「正当防衛」が認められ無罪

運命の88年7月16日、ブロディは仲間のレスラーたちとともに午後7時15分頃、会場であるバヤモンのファン・ロブリエル・スタジアムにやって来た。

この日のメインイベントは、WWCユニバーサル王者のカルロス・コロンにアブドーラ・ザ・ブッチャーが挑戦するタイトルマッチ。ジ・インベーダー1号ことホセ・ゴンザレスは、セミファイナルのタッグマッチに出場。ブロディは〝セミ前〟という位置で、売り出し中のヒール、ダニー・スパイビーとのシングルマッチが組まれていた。

事件はその試合前、ベビーフェイス側のドレッシングルームにあるシャワー室で起こった。

「あの日のブロディvsダニー・スパイビーのシングルマッチは、もしやっていたら、スパイビーの〝勝ち〟だったという噂があるんです。ボクは88年8月29日に日本武道館でやった『ブロディ・メモリアル・ナイト』の時、来日していたスパイビーに『試合前、その件で揉めたりすることはなかったですか?』と聞いたら、『いや、それが理由じゃないことを願うけど』なんて言っておどおどしていた。

いまとなっては、そのスパイビー戦がブロディとゴンザレスが揉めた原因だったのかどうかはわからないけれど、その試合前、ドレッシングルームにあるシャワー室で、ブロディが無防備なところをナイフで刺されて殺されてしまったことは事実。まるでギャング映画のようですけど、そういったケンカでナイフが出てきてしまうのが、プエルトリコの恐ろしさですね」

ゴンザレスに刺されたあと、ブロディは救急車で病院に搬送されるが、翌7月17日午前5時40分、入院先のリオ・ピエドラス・メディカル・センターで死去した。死因は胸部と腹部の裂傷箇所からの出血多量による循環血液量減少性ショック症候群。42歳だった。

7月18日、ホセ・ゴンザレスは第一級殺人罪と銃刀法違反の容疑で逮捕される。翌19日、ゴンザレスは保釈金12万ドルのうち、1万2千ドルを支払い保釈。

裁判は延期につぐ延期で89年1月から開廷し、罪状も第一級殺人罪から、業務上過失致死に引き下げられた。この裁判で、ゴンザレス自身は証言台に立たなかったが、プエルトリコのマット界の大ボスであるカルロス・コロンが、ゴンザレスの「正当防衛」を証言したことで無罪となった。

「あまりにも理不尽な判決であり、カルロス・コロンの証言も納得できるものではない。でも、現地ではこういうロジックが一種のコンセンサスになっていた。『ブロディもカルロス・コロンもホセ・ゴンザレスも友人。その友人の一人が亡くなり、もう一人の友人は刑務所に行く。そして、この〝事件〟が団体内で起こった〝犯罪〟となれば、この国のプロレスは潰れ、職を失い路頭に迷うレスラーとその家族がたくさん出る。であるならば、友達の一人であるホセを助けよう。ホセが無罪になれば、この国のプロレスも潰れず、路頭に迷う人も出さずにすむ』というね」

組織を守るため、犯罪をもみ消したということだろう。

「もちろん、おかしなロジックだと思いますよ。でも、プエルトリコでは、そういう方向で裁判が行われたんです。ゴンザレスの正当防衛を証明するために、ブロディがどれだけ凶暴で横暴な人間なのかを示す証拠として提出されたのが、ブロディの試合映像ですから。信じられないことだけど、これは本当のことで、結局すぐ結審してゴンザレスは無罪になった。事件当時現場にいたアメリカ人レスラーたちが、証人として裁判に呼ばれることもなくね。そうやって、真実は闇から闇へ葬られたんです」

ブロディの死後、プエルトリコのプロレスは衰退

結果的にゴンザレスは無罪となったものの、その後もこの事件はプエルトリコのマットに暗い影を落とすことになる。

「ブロディ刺殺事件のあと、ほとんどのアメリカ本土のレスラーがプエルトリコには行かなくなったので、現地のプロレスは急激に衰退していったんです。当のホセ・ゴンザレスは90年に現場復帰して、WWCのブッカーの座にも戻り、92年にはWWC統一ヘビー級王者になります。しかしその後、カルロス・コロンと仲間割れして、IWAプエルトリコに移籍。ゴンザレス自身、娘がプールで溺死してしまったり、自宅を何者かに放火され全焼したり、不幸のスパイラルが続くことになります」

やはり、あの事件は多くの人の運命を変えたのだ。

あれからすでに30年以上の時がたった。

斎藤が85年にインタビューした際、ブロディは「あと15年もすれば、私と同じような長い髪で大きな体をしたレスラーが現われる。その時、人々は私のことなど覚えていないでしょう」と語っていたという。

ブロディの言うとおり、彼の死後、超獣の見た目と闘い方をコピーしたレスラーが何人も現われた。しかし、30年以上たったいまでも、あのインテリジェンス・モンスターの姿は色あせることはない。

ブルーザー・ブロディという唯一無二のレスラーを、プロレスファンは決して忘れることはないだろう。

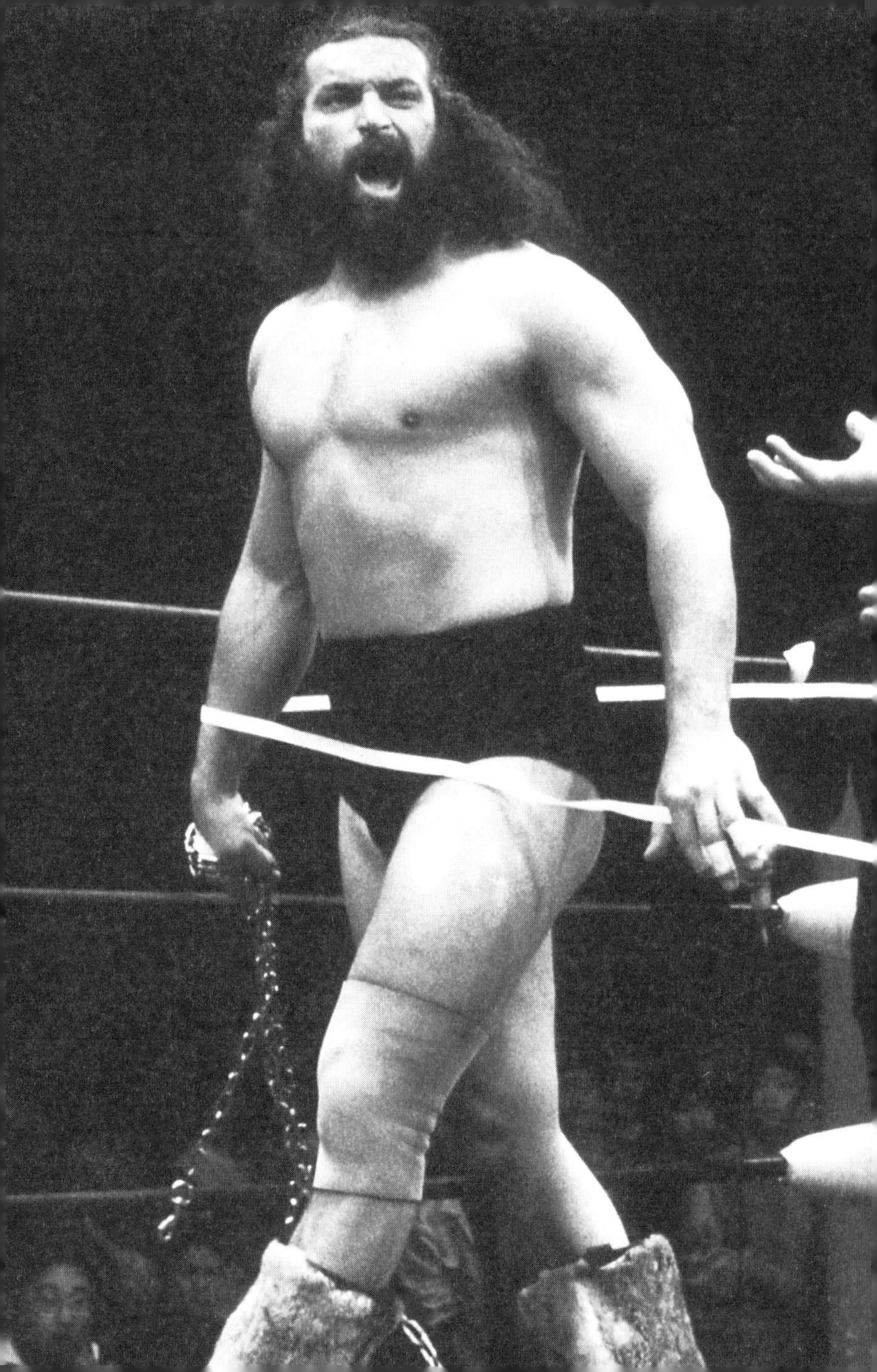

ザ・デストロイヤー

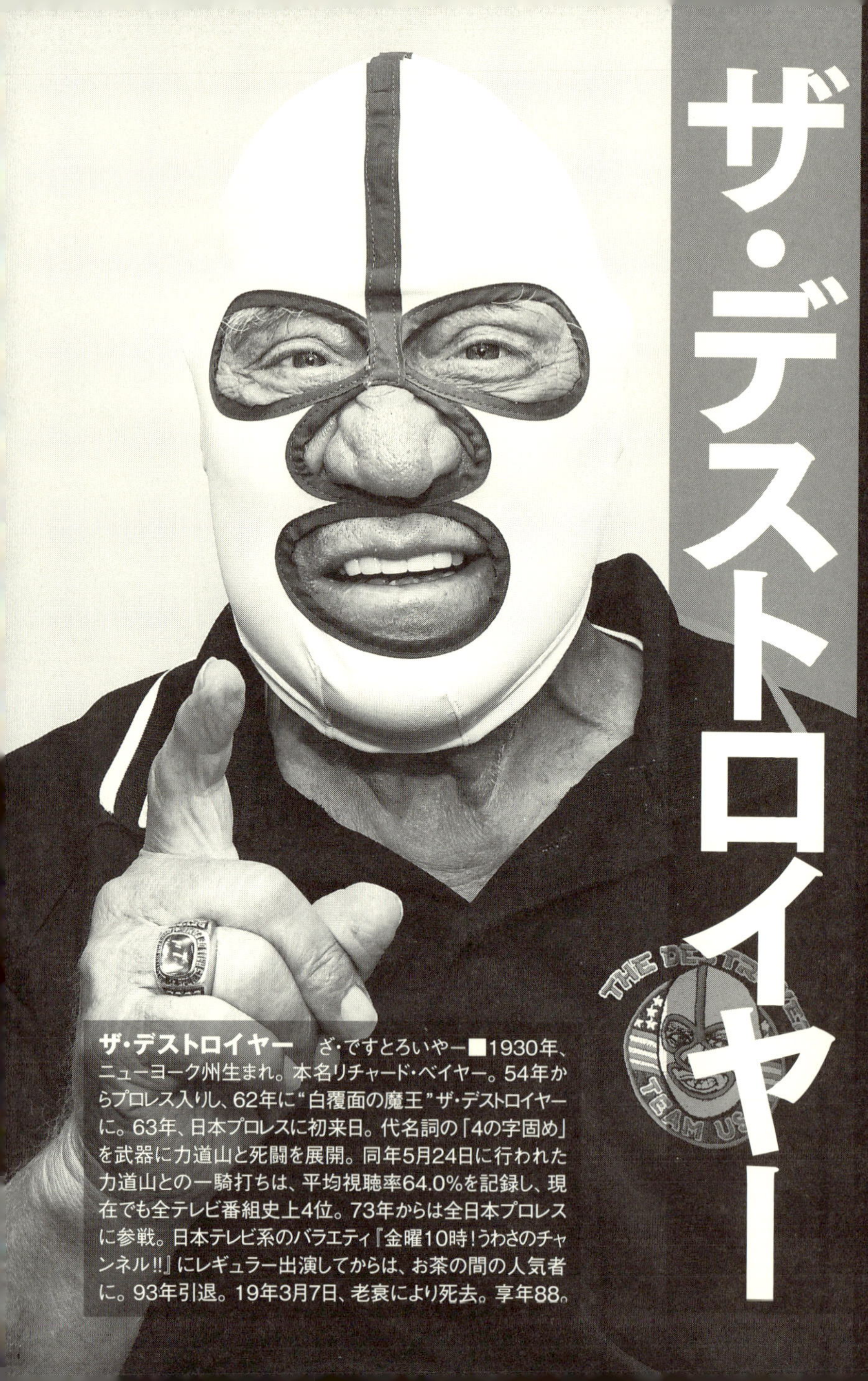

ザ・デストロイヤー　ざ・ですとろいやー■1930年、ニューヨーク州生まれ。本名リチャード・ベイヤー。54年からプロレス入りし、62年に“白覆面の魔王”ザ・デストロイヤーに。63年、日本プロレスに初来日。代名詞の「4の字固め」を武器に力道山と死闘を展開。同年5月24日に行われた力道山との一騎打ちは、平均視聴率64.0%を記録し、現在でも全テレビ番組史上4位。73年からは全日本プロレスに参戦。日本テレビ系のバラエティ『金曜10時！うわさのチャンネル!!』にレギュラー出演してからは、お茶の間の人気者に。93年引退。19年3月7日、老衰により死去。享年88。

証言 束田時雄

最後の来日で会った猪木と和田アキ子からのリスペクト

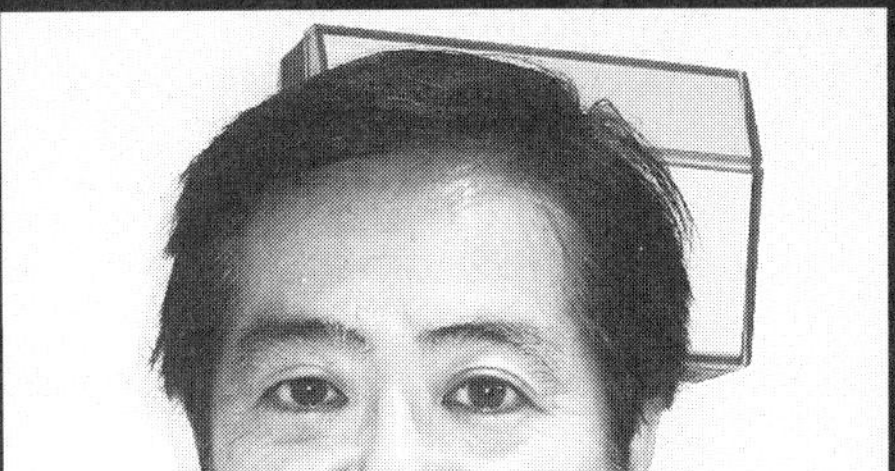

束田時雄　つかだ・ときお●1960年、東京都生まれ。2000年頃より、ザ・デストロイヤー来日時のマネージメントを行う。05年にはデストロイヤーの自伝『マスクを脱いだデストロイヤー』（ベースボール・マガジン社）の翻訳を担当。外資系企業に勤務するかたわら、現在も米国のプロレス媒体にコラムを執筆。

取材・文●瑞佐富郎

2019年3月7日、〝白覆面の魔王〟ザ・デストロイヤーが老衰で逝去した。享年88。デストロイヤーが顧問を務めた、スポーツを通じた青少年育成のNPO「フィギュアフォークラブ（FFC）」の理事、広報であった束田時雄は、05年に上梓されたデストロイヤーの自叙伝、『マスクを脱いだデストロイヤー』（ベースボール・マガジン社）で翻訳を担当。バイリンガルだからというだけではなく、束田は幼少期から大のプロレスファンでもあったという。ちなみにFFCは現在休止中だが、「FFCレスリング教室」（代表・本多尚基）として存続し、現在も毎年、「ザ・デストロイヤー杯港区レスリング大会」を開催している。

「もともとデストロイヤーは好きだったんです。初めての観戦試合も、1969年11月1日のBI砲（馬場&猪木）vsデストロイヤー&バディ・オースチンでね。70年代には自分でプロレスのファンクラブをつくったんです。当時はそういった活動がたけなわでした。ジミー鈴木さんの『JWC』とか、清水勉（のちの『週刊ゴング』編集長）さんの『エル・アミーゴ』など、いろいろありましてね。僕は『リアル・レスリング』というのを主宰していました。

新日本プロレスは京王プラザホテル、全日本プロレスは品川プリンスホテルがその頃の常宿だったんですが、よくホテルのロビーや試合会場で外国人選手を捕まえて、インタビューしたもんです。それこそ、デストロイヤー、ミル・マスカラス、ジョニー・パワーズ、ジョージ・スチール、ルー・テーズ……いい時代でしたね。

81年から、アメリカのサンフランシスコ大学に留学したんですが、同じ寮にデストロイヤーの息子のカート・ベイヤーがいまして、『えっ？　お父さん、デストロイヤーだよね？　ファンクラブでインタビューしたことあるよ』って。よく寮のランドリーで語り合ったもんです。

そのうち、アメリカの雑誌記者と知り合って、プロレスの試合のカメラマンをバイトで初めましてね。83年くらいで、ＡＷＡにまだハルク・ホーガンがいて、ロード・ウォリアーズが出始めた頃でした。

私の本職は普通のサラリーマンなんですが、86年に帰国しても、プロレス関係の交友は続いていたんです。その後、デストロイヤーの日本での代理人の、実業家だった谷村光昭さんを紹介されまして、改めて、デストロイヤーのインタビューをさせていただいたんです。99年かな？　だから、インタビューはファンクラブ時代から20年ぶり以上ということになりますね」

一度だけ見たデストロイヤーの素顔

99年といえば、1月31日に、デストロイヤーとは昵懇《じっこん》の仲だったジャイアント馬場が逝去した年でもあった。夫人に、「あなたが行っても、もうなにもできないのよ」と言われながら、デストロイヤーが緊急来日したその友情の深さは有名だ。

「喪に服すための黒いマスク姿でやって来たんですよね。馬場さんについては後年、『あの巨体にもかかわらず、運動神経が素晴らしい』とレスラーとしての力はもちろん、『一度も約束を破らなかった。世界一信頼できるプロモーター』とよく仰ってましたね」

前出の谷村氏の信任を得て、東田は、日本でのデストロイヤーのマネージメントを任されるようになっていった。

「もちろんプロレスラーとしては超一流ですし、とくにお客さんを怒らせたり沸かせたりと、手玉に取るその実力に心酔していたのですが、そばに寄ることで、人間としてもさらに大好きになりましたね。

印象としては、気さくで誠実な人。たとえば、ファンクラブ時代の私は、英語が堪能ではなかったのですが、一語一語、かみしめるように、わかりやすく話してくれてね。また、必ず相手の目を見てしゃべる。もともと（シラキュース）大学の教育学部を出た教育者ですからね。相手を気遣うアイコンタクトも大切にしていた気がします。

そして、なにより、思いやりですよね。毎年夏、麻布十番でのお祭りに来日して、チャリティーサイン会などをしていたのはご存じだと思いますけど、終わったあと、会場隣のレストランで軽い打ち上げがありまして、それも全部デストロイヤーの奢りでした。『ちゃんと食べてるか？』『このチキン、おいしいぞ』って。見事なほど、周囲に気を配ってる。他人に配慮する気持ちがあるんですよね。

余談になりますが、マスクド・スーパースターの2度の来日興行（『流星仮面ＦＩＥＳＴＡ』、09年7月、11年7月）の実現にも尽力させていただきまして。彼はセミリタイア後、不良少年を更生させるカウンセラーに従事していました。私が会いに行った時も、『最初から悪い子供などいない。心ない親や環境がそうさせるんだ』と涙を流しながら語っていました。彼も他人への優しさに満ちあふれた方でしたね。そういえば、デストロイヤー、スーパースターに、復帰を打診する声があったのですが、それを伝えると、2人とも似たように返したんです。『私は、TやOじゃない』って（苦笑）」

日本では、税関を通る時もマスク姿だったとされるデストロイヤーだが、麻布十番祭りは盛夏に行われていたため、控室でマスクを脱ぐこともあったという。

「でも、その時も1人きりでね。暑い分、覆面越しにビールをたくさん飲んでいた姿は記憶に鮮明なんですが（笑）。やっぱり日本では、マスク姿イコール自分だという気持ちが強かったと思うんですよ。パブリックな場所で脱いだことはなかったと思いますね。

私が素顔を見たのは、ある年の帰米の時、デストロイヤーがトイレに寄って出てきたら、素顔だったんです。ちょっと驚かせてやろうと思ったんじゃないですか。実際、びっくりしましたから（笑）。素顔の印象？ 人懐っこくて、優しい感じを受けましたね。『白覆面の魔王』のイメージとはまるで似つかわしくなかったですね。もし素顔だったら、とくにヒールレスラーとしては大成しなかったんじゃないかな、なんて、思いましたね」

開口一番、「お前は徳光和夫か?」

数々のイベントや、プロレス団体との仲を取り持った東田だったが、日本での最後の「4の字固め」の披露かも知れない、と思わせる場面にも立ち会っている。

「宮戸優光さんのスネークピットジャパンでのイベントでね（06年8月19日）、デストロイヤーにお願いして4の字固めをかけてもらったファンがいたんです。デストロイヤーは開口一番、『お前は徳光和夫か?』と言ってね（笑）。IGFで立会人を務めた時は、カート・アングルが4の字固めを披露して（07年12月20日、vsケンドー・カシン）喜んでましたよ。

今世紀に入ってからのアメリカのプロレスについては、正直、辛口ではあったんですが。本人いわく、『フィニッシュホールドの重みがなくなっている。リングもスプリングが効いてるし、一撃必殺でなくなっている』と言ってました。4の字固めという代名詞の技を持っていた彼らしい所感でしたよね」

11年の東日本大震災の際には、8月に被災地を慰問し、その際の写真は葬儀の行われた地元の教会にも、覆面を外した素顔の遺影と並んで飾られた。

「アメリカのご自宅に和室があったほどの日本びいきでした。畳に欄干と、まさに和室そのものので。『どうやってつくったの?』って聞いたら、日本の大工さんを呼んで、1カ月寝泊りさせてつくったとか。部屋には、日本でもらった人形とかお土産などが並べられていたのを思い出します。家の敷地は34万㎡で、以前、日本のテレビ番組でも紹介されていましたが、東京ドーム約6個分。なかには、デストロイヤーの写真やマスク、チャンピオンベルトで歴史をたどれる『デストロイヤー・ミュージアム』やゴルフ場もあるほどでした。敷地の一角には桜が植えてあるんです。デストロイヤーの希望で植樹したものでした。よく言ってましたよ、『日本は私のフルサトだ』と。晩年は、アメリカ人より日本人の友達のほうが多いと言ってたくらいですから」

立ったままデストロイヤーを待っていた猪木

これほどまでに日本を愛したデストロイヤーの最後の来日は、16年、自らの名が冠されたアマレス大会「デストロイヤー杯」への出席だった。

「それが最後になるとは、思ってはいなかったのですが……。ただ、歩行器を使用してましてね。足腰の悪さは傍目にもわかりましたから、『今回の来日で、誰に会いたいですか？』と聞いたんです。そしたら、『アントニオ猪木と、和田アキ子だ』と。デストロイヤーは猪木さんとは、試合もしていますし、力道山のジムで猪木さんの若手時代、スパーリングをやったこともあるらしいんです。『きわめて卓越したテクニックの持ち主。アマレス出身かと思った』と。猪木さんにアマレスの経験はないはずですから、逆に言えば、それだけ買ってたんですね。『表情も、表現力も素晴らしい』とも絶賛していました。

それで、猪木さんとホテルオークラのカメリア（喫茶店）で会うことになったんです。ところが、その前にプロレスショップの『闘道館』でトークショーとサイン会の予定が入っていて（16年9月22日）、同館のイベントでは過去最高の約100名がつめかけましてね。デストロイヤーもとにかくサービス精神旺盛だから、一人ひとりにポーズを取り写真に応じたり、ヘッドロックをしたりして、ずいぶん時間が押してしまったんですよ。その時の猪木さんとの待ち合わせが、たしか夜の7時くらいで、イベントが終わったのが6時半くらい。車を飛ばせば間に合うんですけど、そしたら、デストロイヤーが、『疲れたので、いったんホテルに戻りたい』と。えぇっ⁉猪木さんを待たせるなんて！　と、気が気じゃなかったんですけど、デストロイヤーにとっては猪木さんは後輩ですから、彼自身は、至極おおらかに構えてまして。

結局、30分遅れくらいで待ち合わせ場所のカメリアに着いたんですね。そしたら、驚きましたよ。あの猪木さんが、カメリアの前で、ずっと立ったまま、デストロイヤーを待っていたんです。そして、笑顔で出迎えてくれまして、ハグをしました。昔からの繋がりと同時に、猪木さんのデストロイヤーへのリスペクトの念も感じられて、最高の瞬間でした。

喫茶店ではサシでの会話で、とくに昔のレスラーの去就について話しましたね。『ブルーノ・サンマルチノは健在か？』『そうか、ドン・マノキャンは亡くなったのか』みたいに。あの時に会っておいて、本当によかったと思いましたね」

日本テレビの人気バラエティー『うわさのチャンネル』で共演した和田アキ子とも、この最後の来日で会うことができたという。

「和田さんに関しては雑誌での対談という形を用意しまして（『サンデー毎日』16年12月4日号）。当初、場所として、先方が（所属事務所の）ホリプロの会議室を指定してきたんですが、こちらも歩行が困難な状態ですから難しくて。そしたら結局、和田さんがデストロイヤーの常宿のアジア会館まで来てくれましてね。和気あいあいとした語らいのあと、和田さんが、『今日は本当に会えてよかった。仕事抜きで、楽しかった』って仰ってくれたのも忘れられませんね。デストロイヤー自身、和田さんのことをまず、『非常に才能のある歌手』と評したうえで、バラエティなどでの立ち振る舞いに『天性の魅力がある』と絶賛していましたからね」

「心配するな。俺がお前の、アメリカのファーザーだ」

最後の来日から約2年半後の訃報。亡くなった3月7日は日本時間では8日の金曜日だったが、実はその週の初め、息子のカート・ベイヤーが来日しており、東田とも旧交を温めていたという。

「ご存じのように、カートも92年に全日本プロレスに入門して、プロレスデビューしてまして、いまはプロレスはセミリタイア状態なんですが、その時期の全日本の道場を知っていますから、『いちばん尊敬できるのは、率先して練習する姿を見せる小橋建太だ』とよく言ってましたね。

カートは現在、ニューヨークのソフトウェア会社に勤務しているんですが、デストロイヤーとともに8年ほど（72年〜79年）日本に住んでいたこともあって、日本語がペラペラなんですよ。ですから商談のために年に数回、来日するんですね。この時も、日曜日に来日して、月曜日（3月4日）に、私と焼き鳥を食べに行ったんです。すると、滞在は1週間と聞いていた予定が、カートが『悪いが、明日、帰らなきゃならない』と。デストロイヤーの長女のモナ・クリスから、『ダッド（父）が危篤だ』と連絡が入ったと言うんですね。

結局、カートが火曜日に帰路について、その3日後の訃報でしたから、驚きました。ただ、デストロイヤー自身に、特定の疾患はなくて、臓器が全体に弱まったことでの、いわば老衰での永眠でした。激しく苦しんだりということはなかったそうで、私も少しはそれが心の慰めになったというか。アクシデントで突然落命したわけでなく、新聞などで報じられているとおり、最後は家族に見守られて亡くなったわけですから。

私が訃報を知ったのは、カートからのメッセンジャーでした。実は半年ほど前から、体調的に危ないとは言われてまして、『もし亡くなったら、日本での対応窓口になってほしい』と頼まれていたんですね。ですから、私も、心ならずも各マスコミの連絡先は把握してあった状態だったんです。ただ、一報をカートがニューヨークの通信社に送って、それが全世界に打電されたことで、私が対応する前に、知ってる方は知ってるという感じでしたね。その後、その日の残りは、私も泣きはらしました。

実は、今年2月19日のアブドーラ・ザ・ブッチャー引退興行になった『ジャイアント馬場没20年追善興行』にも来場する予定だったんです。なにより本人が来たがっていたようで、気持ちのうえでは90％来るつもりだったんですね。家族、そして、医療チームとがっちりスクラムを組んで。しかし、医者のほうから、『いまの体調で、日本への12時間のフライトは危険だ』と、最終的にストップがかかりまして、馬場さんとブッチャーへのメッセージを発表するのみに留まったんです。最後に来日してほしかったというのが、本音ですね……」

東田はデストロイヤー本人から贈られた、忘れえない言葉があるという。

「私は14年に父親を亡くしましてね。もう86歳を超えてましたから、天寿はまっとうしたと思うんですが、16年に会った時、デストロイヤーがお悔やみの言葉とともに、こう言ってくれたんです。

『心配するな。これからは、俺がお前の、アメリカのファーザーだ』と。

私にとってのヒーローが、ファーザーになってくれた瞬間でした。改めて、ザ・デストロイヤーという立派なプロレスラー、そして人間に出会えたことに、心から感謝したいですね」

プロレスラー「訃報年表」

年月	レスラー名（享年）	死因	解説
1963年			
12月15日	力道山（39）	腸閉塞	暴漢に刺された傷が元の腸閉塞とされるが、近年は麻酔の利かせすぎによるショック死説も。
12月26日	ゴージャス・ジョージ（48）	心臓発作	日本でいえば力道山のような大スター。デストロイヤーに敗れ丸坊主にされ引退。その1年後に急逝。
1965年			
1月16日	ユーコン・エリック（48）	ピストル自殺	キラー・コワルスキーのニードロップに耳を削ぎ落されたレスラー。自殺はその十数年後の離婚が原因。
1966年			
8月8日	エド・ルイス（75）	不明	カール・ゴッチも尊敬した実力者。引退後はルー・テーズのマネージャーも。自宅で天寿をまっとうした。
1967年			
6月29日	プリモ・カルネラ（60）	風土病	元プロボクサー。巨体で〝動く山脈〟とも。マフィアとの悪縁で故国イタリアに逃亡帰国し、風土病で死去。
9月23日	スタニスラウス・ズビスコ（88）	老衰	八百長試合を嫌がり、シュートで相手を突然潰すことも。レスラーに強さの必然性を示した人物。
1969年			
7月2日	マイク・デビアス（67）	心臓発作	試合中の心臓発作で死去。息子がテッド・デビアスとされるが、母の元夫なだけだった。

日付	名前（享年）	死因	備考
1970年			
3月23日	スカル・マーフィー（39）	ピストル自殺	幼い頃の高熱で全身無毛になった怪奇派ゆえ、死因には尾ひれがつき、服毒自殺や心臓発作説も。
5月13日	キング・コング（61）	交通事故	引退後はシンガポールにてプロモーターを務めていたが、試合会場に向かう途中に交通事故で死去。
1972年			
2月1日	ルイス・ヘルナンデス（33）	急性心不全	日本プロレスに参戦中、巡業先の名古屋のホテルで急死。太りすぎによる急性心不全だったとされる。
2月21日	ルーター・レンジ（47）	心臓発作	ノースカロライナでの試合中に死去。しかも、相手をフォールの体勢に取った上での心臓発作だった。
1973年			
6月3日	ドリー・ファンク・シニア（62）	心臓発作	ホーム・パーティーで、ゴールド・ネルソンとレスリング遊びに興じている最中、心臓発作で死去。
7月31日	東富士（51）	結腸ガン	初の横綱出身レスラー。プロレスでは不遇に終わったが、のちにサラ金会社の社長を務め、羽振りもよかった。
12月17日	グレート東郷（62）	胃ガン	胃ガンを手術も経過が好転せず、死去。自宅には応戦用のピストルが何丁も見つかった。
1976年			
3月10日	マシオ駒（35）	腎不全	尿毒症による腎不全で死去。その日の全日本の日大講堂大会で10カウントゴングが鳴らされた。
1977年			
3月15日	アントニオ・ロッカ（49）	肝臓ガン	あまりの人気とカリスマ性から「75歳まで現役を続け、１５０歳まで生きる」と宣言していた。
7月28日	ジェス・オルテガ（55）	心臓発作	１４５キロの巨漢で、〝メキシコの狂える巨象〟と言われたが、晩年は糖尿病でやせ細っていたという。
1979年			
6月29日	クリス・テイラー（29）	狭心症	ミュンヘン五輪のアマレス１２０キロ級銅メダリストだが、全盛期は２０１キロもあり、狭心症で早世。

1980年			
7月14日	ビリー・マクガイヤー(32)	呼吸器疾患	日本では、ホンダのミニバイクに乗る姿で人気を集めたからか、バイク運転中に転倒し死去という情報も。
10月13日	清美川(63)	脳卒中	長男が誘拐、殺害された猟奇事件でも同情されるが、事件の際はすでに離婚し、親権は元妻にあった。
1981年			
4月30日	スネーク奄美(29)	脳腫瘍	同じ国際プロレスのエース、ラッシャー木村は、早世を悼み、一晩、その亡骸の棺の横で添い寝したという。
8月12日	バディ・キラー・オースチン(48)	心筋梗塞	パイルドライバーで2人を死においやったという〝伝説〟の男も、あっけなく心筋梗塞に倒れた。
1982年			
6月13日	ピーター・メイビア(45)	食道ガン	言わずと知れた、ザ・ロックの祖父。08年にはＷＷＥ殿堂入りし、ロックがインダクターを務めた。
7月29日	大坪清隆(55)	心臓発作	正義感の強い人物で、神奈川県湯河原の海水浴場で溺れた少女を助けたが、自身は直後に心臓発作で急死した。
7月29日	ハロルド坂田(62)	ガン	人気映画『００７』にも悪役で出演した。55歳でプエルトリコでシングル王座を獲ってた。
12月15日	シャチ横内(45)	水死	引退後はパリで旅行会社を経営していたが、サンドニ運河に車ごと転落するという謎の死を遂げた。
1983年			
12月15日	沖識名(79)	脳軟化症	力道山期の名レフェリーだったが、亡くなったのは、奇しくも力道山の20回目の命日だった。
1984年			
1月(日付不明)	パク・ソン(40)	内臓疾患	没年、没日、諸説入り乱れる〝韓国の馬場〟。ひと昔前のプロレス雑誌には１９８０年４月没となっている。
2月5日	エル・サント(66)	心臓発作	メキシコでのマジックショーの最中に倒れて急死。マスク姿のまま棺に入れられたのは有名。
2月10日	デビッド・フォン・エリック(25)	急性胃腸炎	全日本参戦中、ホテルで急死。次のＮＷＡ世界王者になる予定だったことが、現在では明かされている。

10月21日	ブルート・バーナード（63）	ピストル自殺	タッグ・パートナー、スカル・マーフィーの死因も同じピストル自殺ではないかと言われている。ジャイアント・バーナードとの血縁関係はない。
1985年			
1月21日	エディ・グラハム（55）	ピストル自殺	金融投資の失敗でアルコール依存症に陥り、ピストル自殺。息子のマイクも02年にピストル自殺している。
3月8日	ブル・カリー（71）	心臓発作	ゲジゲジ眉毛が特徴だったが、同じくレスラーだった息子のフレッドは二枚目で「トンビが鷹を産んだ」とされた。
6月10日	吉原功（55）	胃ガン	元国際プロレス社長。弔辞ではラッシャー木村が「国際プロレス精神を忘れずに闘っていきます」とした。
9月3日	ジェイ・ヤングブラッド（30）	心臓発作	父のリッキー・ロメロも、弟のマークとクリスもレスラー。小さな体に無理がたたった説も。
11月1日	リック・マグロー（30）	急性心不全	小柄ながら不自然なほどの筋肉を有していたため、ステロイド禍が取りざたされ、マット界の暗部が明るみに。
12月20日	ターザン・タイラー（56）	交通事故	学生時代に大河を泳ぎ切ったことでターザンの異名が。地元カナダで交通事故により死去。享年58説もある。
1986年			
2月2日	ジノ・ヘルナンデス（28）	薬物の過剰摂取	新日本プロレスへの来日直前に急死。父は日本で急死のルイス。コカインの過剰摂取の他、自殺、他殺説も。
4月6日	エル・ソリタリオ（39）	強度の麻酔投与による心臓発作	試合で強打した腰の手術の際、古傷の左足と左ひざも同時に手術し、極度の麻酔投与により心臓発作に。
1987年			
4月12日	マイク・フォン・エリック（23）	薬物過剰摂取による自殺	“鉄の爪”エリック一家の4男。肩の負傷から細菌に感染、毒素性ショック症候群に苦しみ、精神安定剤の過剰摂取により服薬自殺。
9月5日	スコット・アーウィン（35）	脳腫瘍	脳腫瘍で余命1年とされてもファイトし続けたが、最後は仲間を訪ね、感謝を伝えて回ったという。
11月28日	ハル薗田（31）	旅客機墜落による客死	南アフリカの試合に出場するため、愛妻と同乗した旅客機が墜落。当初はラジャ・ライオンが行く予定だった。
1988年			
5月14日	フレッド・アトキンス（78）	心不全	ジャイアント馬場の師匠でもある頑固親父。最後は体に繋がれた点滴などの管を自らむしり取って死去。

7月4日	アドリアン・アドニス(34)	交通事故	車で移動中、飛び出した鹿を避けようとして事故死。新日本のＩＷＧＰシリーズに参戦した直後だった。
7月4日	パット・ケリー(40)	交通事故	アドリアン・アドニスの車に同乗し、事故死。一卵性双生児の弟マイクとの双子タッグが売りだった。
7月17日	ブルーザー・ブロディ(42)	刺殺	プエルトリコの会場でマッチメイカー兼レスラーのホセ・ゴンザレスに刺殺される。当日はダニー・スパイビーと対戦予定だった。
8月9日	マイク・シャープ(66)	心臓発作	あのシャープ兄弟の弟。死因は心臓発作だが、倒れたのは、姉の葬儀の最中だったという。
9月6日	レロイ・ブラウン(37)	狭心症	『週刊ゴング』最終号では、亡くなったバッドニュース・アレンと間違われて彼の写真が掲載されていた。
1989年			
4月17日	ビジャノ2号(39)	首吊り自殺	自宅のシャワールームで首吊り自殺。85年に引退し、事業を始めるも失敗し、ノイローゼになっていた。
12月7日	ヘイスタック・カルホーン(55)	心臓発作	「お化けカボチャ」「人間空母」の異名をとった体重２７３キロの巨漢。晩年は糖尿もあり、１５０キロにまで減少。
1990年			
8月16日	パット・オコーナー(62)	肝臓ガン	「魔術師」の異名を持つ初代ＡＷＡ世界ヘビー級王者。晩年はプロレスデビューする輪島大士のコーチも担当。
1991年			
5月24日	マンモス鈴木(50)	内臓疾患	故郷宮城県の塩釜市の病院で死去。実は63年にはすでに内臓疾患で、一度引退していた(その後、復帰)。
6月30日	デューク・ケオムカ(70)	心臓病	全盛期は〝鉄の爪〟フリッツ・フォン・エリックの好敵手だった日系レスラー。パット・タナカの父親でもある。
7月6日	ミスター・モト(71)	心臓病	グレート東郷に次いだ日系の大御所。ザ・デストロイヤーからは、その実力を高く評価されていた。
9月12日	クリス・フォン・エリック(21)	ピストル自殺	〝鉄の爪〟エリック一家の5男。小柄ゆえステロイド剤を常用し、喘息にも苦しんでいた。
10月27日	ロッキー羽田(43)	内臓疾患	引退の理由も内蔵疾患であり、闘病も実らず早逝。松田優作の『探偵物語』にも出演している(第11話)。
11月10日	ディック・ザ・ブルーザー(62)	喉の動脈破裂	フロリダの別荘で練習中に喉の動脈破裂で死去。引退はしていたが米団体ＷＣＷのエージェントを務めていた。

12月25日	ウィルバー・スナイダー（62）	白血病	馬場&猪木組からタッグ王座を奪った数少ない1人（相方はダニー・ホッジ）。スターゆえ来日は3回のみ。
1992年			
2月7日	バズ・ソイヤー（32）	急性麻薬中毒	麻薬中毒で死去。カリファルニア州サクラメントの自宅前で倒れた。ヘロインの過剰摂取だったとされる。
6月26日	バディ・ロジャース（71）	脳溢血	スーパーで床に落ちていたクリームチーズに足を滑らせ、頭部を強打して死去。未来日に終わった強豪のひとり。
12月27日	大熊元司（51）	急性腎不全	酒豪だったゆえの罹患とされる。ちなみに、実家も酒屋であり、本人も居酒屋をオープンしたことがある。
1993年			
1月27日	アンドレ・ザ・ジャイアント（46）	急性心不全	故郷フランスで父の葬儀に出席後、ホテルで急死。全日での遺影には、愛飲のワインが添えられた。
2月18日	ケリー・フォン・エリック（33）	ピストル自殺	コカインの使用による実刑判決を受け、収監される直前、自宅でピストル自殺。
3月11日	ディノ・ブラボー（44）	射殺	違法タバコの密輸に絡むトラブルにより、モントリオールの自宅でマフィアに蜂の巣にされた。
4月18日	木村政彦（75）	呼吸不全	肺ガンを罹患しており、晩年は自ら「力道山は自分が呪い殺した」と公言。長命ゆえの勝者との評価も。
10月26日	オロ（21）	脳内出血	メキシコでの試合中に、突然動きが鈍り、心肺停止状態に。運ばれていく救急車の中で死亡。
11月13日	ルーファス・ジョーンズ（60）	心筋梗塞	狩猟シーズン初日、分け入ったミズーリ州の山中での鹿狩り中に心筋梗塞で死去。88年まで試合を行っていた。
12月13日	ラリー・キャメロン（41）	心臓発作	ドイツでのトニー・セントクレア戦中、心臓発作で死去。北尾光司の秘技、サンダーストームの唯一の受け手。
1994年			
3月4日	アニバル（53）	脳腫瘍	風車式バックブリーカーの生みの親で、死の前年まで試合をした。息子もレスラー。
5月23日	レイ・キャンディ（42）	心臓発作	晩年はレスラーの育成にも携わり、のちのＷＷＥのケイン（グレン・ジェイコブズ）などを育てた。
9月1日	ボリス・マレンコ（61）	血液ガン	マレンコ兄弟の父親。マレンコ道場を主宰し、ノーマン・スマイリー等、教え子たちが新生ＵＷＦに参戦。

11月23日	ラブ・マシーン（28）	薬物死	オレゴン州の自宅のベッドの中で子供とともに冷たくなっている姿を発見された。
1995年			
1月22日	クラッシャー・ブラックウェル（45）	肺炎	前年末に交通事故に遭い、事故に起因する肺炎の合併症で死去。糖尿病、痛風なども抱えていた。
2月18日	エディ・ギルバート（33）	心臓発作	鎮痛剤の過剰摂取が原因とされる。W☆INGではブギーマンを演じるも、最後に素顔になり団体批判も。
3月20日	ビッグ・ジョン・スタッド（47）	ホジキン病（悪性リンパ腫）	晩年は映画俳優も務め、ミッキー・ロークとも共演。アメリカでは敵のアンドレと組むため日本では覆面姿に。
6月26日	ミスター珍（62）	慢性腎不全	透析の必要な第一級身体障がい者だったが、93年にFMWで不屈のカムバック。電流爆破を受けたことも。
8月24日	キラー・カール・クラップ（61）	心臓発作	心臓発作だが、日本で感染したA型肝炎説も。口は悪かったとされるが、初期の新日本の外人エースだった。
1996年			
5月3日	レイ・スチーブンス（60）	心臓発作	ドリー・ファンク・ジュニア、リック・フレアーにも影響を与えた試合巧者。後年はAWAに忠誠し、崩壊と同時に引退。
6月15日	ディック・マードック（49）	心臓発作	死の前日に1年ぶりの試合を30分以上行った。自身がプロモートした、地元テキサス州・アマリロの試合だった。
1997年			
2月5日	ブルドッグ・ボブ・ブラウン（58）	心臓発作	晩年はカジノの警備員を務めていた。海外修行時代の長州力も世話になったレスラー。
3月24日	ビッグ・ビル・ミラー（69）	心臓発作	ジムでの鍛錬後、心臓発作で死去。プロレス評論家の菊池孝氏が最も好きだったレスラー。晩年は獣医に。
4月（日付不明）	スパイロス・アリオン（57）	不明	国際プロレスの呼びたい外国人選手投票1位だったが、日本プロレスが招聘。試合は不評だった。
4月17日	ミツ荒川（69）	心臓発作	日系の出世格で、WWWF（現・WWE）ヘビー級王座にもたびたび挑戦。海外ではアニマル浜口とタッグも。
6月19日	スタン・スタージャック（60）	心不全	第5代WWWF（現・WWE）ヘビー級王者。猪木最初の団体「東京プロレス」にもエースとして来日。
9月10日	フリッツ・フォン・エリック（68）	肺ガン	息子たちのなかで唯一生き残ったケビンが看取り、告別式も行った。かなりの愛煙家でもあった。

10月5日	ブライアン・ピルマン(35)	心臓発作	自動車事故による鎮痛剤の過剰摂取と長年の薬物服用が、動脈硬化性心疾患に繋がったとされる。
1998年			
1月20日	ボボ・ブラジル(73)	脳梗塞	黒人レスラーの地位向上に貢献。晩年の花を食べるパフォーマンスはデストロイヤーの助言という。
7月1日	豊登(67)	急性心不全	晩年は糖尿病を患う。火葬後の遺骨は太く、改めて生前の強者ぶりを想起させた。
1999年			
1月19日	芳の里(70)	多臓器不全	前年より脳梗塞を患う。力士廃業後、力道山に入門を直訴し、その当日にプロレスデビュー。最速記録。
1月31日	ジャイアント馬場(61)	肝不全	大腸ガンの肝転移による肝不全で死去。親族以外で最期を看取ったのは和田京平と仲田龍だけだった。
4月20日	リック・ルード(40)	心臓発作	『第2回G1　CLIMAX』で準優勝。デビュー以来、一貫してヒールしか演じなかった伊達男だった。
5月23日	オーエン・ハート(34)	転落死	WWF(現・WWE)において、天井から吊るされての入場中にワイヤが外れ転落死。即死状態であった。
11月27日	ヒロ・マツダ(62)	肝臓ガン	力道山に反発し海外を主戦場に。ハルク・ホーガンの師匠としても知られる。ラストマッチは木戸修戦。
2000年			
1月7日	ゲーリー・オブライト(36)	心臓発作	試合中、対戦相手のシルファー・グリムにフェイスロック・ブルドッグをかけられたところで倒れ込み、蘇生の甲斐なく死去。
1月22日	アル・コステロ(74)	肺炎	名タッグチーム、ファビュラス・カンガルーズの初代リーダー格。オースイスープレックスの使い手。
1月24日	ボビー・ダンカン・ジュニア(34)	心臓発作	鎮痛剤の過量投与が原因。2メートル近い巨体で『最強タッグ』ではハンセンのパートナーを務めるほど有望株だった。
4月19日	福田雅一(27)	急性硬膜下血腫	4月14日の柴田勝頼戦で柴田のダイビングエルボーが不発後、カウント2で返したが、そのまま昏睡し逝去。
5月13日	ジャンボ鶴田(49)	肝炎	直接の死因は生体肝移植中の出血多量でのショック死。巨体ゆえに臓器をはがす時、起こりうる悲劇だともいわれる。
8月22日	プロフェッサー・タナカ(70)	心不全	日系レスラーとされるがギミック説も。後年は俳優に転じ、『ラスト・アクション・ヒーロー』等に出演。

10月17日	レオ・ノメリーニ(76)	脳卒中	ルー・テーズの９３６連勝を反則勝ちながら止めた強者。出身のアメフトでも殿堂入りの有名選手。
10月22日	ヨコヅナ(34)	狭心症	元グレート・コキーナ。肥満による心臓の狭心症が死因とされ、一時期の体重は３５０キロ以上あったとか。
11月22日	百田義浩(54)	肝不全	全日本に続いてノアでも取締役に就いたが、旗揚げ後、体調を崩し、10月より入院。最後の言葉は「悔しい」だった。
11月24日	エディ・サリバン(59)	心臓発作	引退後はトラック運送業を営んでいた。千葉真一主演映画『空手バカ一代』にもレスラー役で出演している。
12月16日	ブルー・デモン(78)	心筋梗塞	〝聖者〟エル・サントのライバル。ニックネームはその名のとおり「青い悪魔」、そのマスクは依然人気が高い。

２００１年

3月26日	レッドシューズ・ドゥガン(89)	パーキンソン病	赤いシューズが特徴だった名レフェリー。新日本の海野レフェリーは彼を意識し現在の姿に。
3月26日	ベニー・マクガイヤー(54)	心不全	双子のマクガイヤー兄弟のうちの、こちらは兄で、79年没の弟より兄のほうが体重は重かったが、長命となった。
4月24日	ジョニー・バレンタイン(71)	心臓発作	最後の来日は90年の猪木の30周年セレモニー出席。松葉杖での登場に温かな「ジョニー」コールが飛んだ。
7月16日	テリー・ゴディ(40)	心不全	平成でも怪物性を感じさせる豪傑だったが、持病の心臓病が悪化。痛み止めと酒の併用が死期を早めた。
8月3日	ミッチー・スノー(34)	自殺	アマレスの猛者であり、輪島大士の練習パートナーも務めた。小橋建太のシングル初勝利の相手でもある。
9月6日	アブドーラ・タンバ(51)	糖尿病	新日本に一度だけ来日し(83年)、初代タイガーとも対戦。小型のブッチャーの風貌で注目を集めた。
10月7日	クリス・アダムス(46)	射殺	酒席でのケンカが元で正当防衛として射殺される。ドラッグ中毒に陥っていた。スティーブ・オースチンの師匠。
12月25日	マイク・デービス(45)	心臓疾患	昭和プロレス黄金期の80年代前半、全日本にも新日本にも招聘された有望株だったが、大ブレイクならず。

２００２年

2月3日	ネルソン・ロイヤル(66)	心臓発作	カウボーイ・ギミックの技巧派としてＮＷＡ世界ジュニア王座を長期間にわたって保持。晩年は輪島のコーチも。
2月19日	スウェード・ハンセン(68)	心臓病	スタン・ハンセンと間違われぬよう「ＳＷ・ハンセン」と表記された時期も。スウェードのほうが古豪だった。

4月19日	ワフー・マクダニエル（63）	糖尿病	"狼酋長"の異名を取ったが、出自も本物のインディアン。NWAとWWEのどちらにも殿堂入りしている。
4月28日	ルー・テーズ（86）	心臓疾患	心臓バイパス手術後、肺炎併発で心臓疾患に。コーチとして学んだ北尾光司も、心から尊敬していた"鉄人"。
5月13日	ジョージ・ゴーディエンコ（74）	悪性黒色腫	ラッシャー木村が最強と称した強豪。晩年はプロレス好きだったピカソの知遇を得て画家に転身。
5月16日	荒井昌一（36）	首吊り自殺	リングアナと社長を務めたFMWの倒産と借金を苦にして首吊り自殺。各選手のために遺言のテープを残していた。
5月17日	デイビーボーイ・スミス（39）	心臓発作	古舘伊知郎アナをして「筋肉の終着駅」と言わしめた猛者も、後年はステロイド剤とドラッグを過剰摂取。
10月31日	ムース・ショーラック（72）	肺炎	脳卒中後に併発した肺炎により死去。引退後は海軍で培った技術を基に、エンジニアとして働いた。
11月22日	サンダー杉山（62）	心不全	引退後は実業家として成功。糖尿病の悪化で右手首と両足切断も取材には笑顔で応え、不屈ぶりを見せた。
11月30日	ミスター・レスリング（68）（ティム・ウッズ）	心臓発作	その名の通りアマレスのタイトル歴多数。記録を公開したうえでマスクマンとなり、正体を探る楽しみを残した。

2003年

1月18日	ザ・シーク（76）	心不全	翌19日、東京ドームで行われた「WRESTLE-1」の試合後、ブッチャーがマイクで訃報を伝えた。
2月10日	カート・ヘニング（44）	薬物の過剰摂取	試合で訪れていたフロリダ州タンパのホテルで急死。検死により急性コカイン中毒による死亡とされた。
2月15日	吉村道明（76）	呼吸不全	身内だけの葬儀により、関係者には2日後に訃報が。猪木の引退試合に姿を見せたのが公には最後か。
3月19日	冬木弘道（42）	ガン性腹膜炎	死の数日前、敬慕する天龍が見舞った際、体を起こして出口まで見送ろうとした。
4月16日	レイ・メンドーサ（73）	心臓発作	ビジャノ1号〜5号の父親。元プロボクサーであり、レスラー時代にプロ空手選手との異種格闘技戦で勝利も。
8月8日	ジャイアント落合（30）	急性硬膜下血腫	WJの道場でロープワークの練習中に倒れ、帰らぬ人に。警備員のバイトを終えた夜勤明けだった。
9月7日	グレート・アントニオ（77）	心臓発作	2度の来日は、最高の思い出だったと本人は友人に語ったという。最後は夫人に看取られて逝去。
10月16日	スチュ・ハート（88）	脳梗塞	妻ヘレンとの間の8人の息子はブレッドなど全員がプロレスラーに。プロレスを隆盛させ、カナダ勲章も受章。

10月19日	ホーク・ウォリアー(46)	心臓発作	新居への引っ越し作業最中に体調不良を訴え、夫人の助言でベッドに入るも急逝。心臓の持病があった。
10月28日	ミツ・ヒライ(60)	心不全	スーパーヘイトこと、平井伸和の父。小柄だが、力道山が刺された夜、報復しようとした血気盛んさもあった。
11月24日	ディック・ハットン(80)	不明	48年のロンドン五輪アマレス代表。力道山からカナディアンバックブリーカーで希少なギブアップを奪っている。
11月29日	スポット・ムーンドッグ(51)	心臓発作	97年に引退も03年に復帰。メンフィスでの試合中に心臓発作を起こし搬送されたが死去。
12月6日	ギガンテス(36)	急性心不全	前日、全日本の年内最終戦の日本武道館大会に出場も、翌日、千葉のホテルで急死。
2004年			
1月27日	ハードボイルド・ハガティ(78)	脳卒中	前年、自動車事故で首を骨折し、リハビリ中だった。後年は映画『ダーティーハリー』出演など俳優業も。
3月6日	ヘラクレス・ヘルナンデス(47)	心臓発作	スコット・ノートンとの〝ジュラシック・パワーズ〟が有名。99年の引退後はトラック運転手となっていた。
5月18日	サンボ浅子(40)	糖尿病	糖尿病による壊疽で02年、右足を切断。缶コーヒーとファストフードの大量摂取も一因だったという。
9月12日	ドクトル・ワグナー(63)	心臓発作	86年、巡業中の交通事故でリタイアも、長男ワグナー・ジュニアと次男シルバー・キングが夢を継いだ。
9月22日	ビッグ・ボスマン(41)	心臓発作	日本では刑務官キャラや用心棒ギミックで有名。日本定着がなかったのはアメリカでの人気ゆえでもあった。
10月12日	サムソン・クツワダ(57)	急性骨髄性白血病	巨体ゆえジャイアント馬場に気に入られたが、新団体設立をくわだて全日本を解雇に。黒い交際の噂もあった。
2005年			
1月18日	ペッツ・ワトレー(54)	心臓発作	03年の心臓発作より心臓移植手術を待っていたが、手術を受けることなく死去。アマレスの猛者でもあった。
4月21日	ワイルド・アンガス(70)	不明	82年に引退後は森林警備隊員に。ワイルドな風貌ながら欧州流の技術を合わせ持つ異色派だった。
4月28日	クリス・キャンディード(33)	血栓症	足首骨折の手術の結果できた血栓が原因で死去。新日本の『ベスト・オブ・ザ・スーパージュニア』にも参戦。
7月11日	橋本真也(40)	脳幹出血	亡くなる前夜の食事は、カツカレー、タラコスパ、ウインナー盛り合わせ各2人前、コーラ3杯だった。

10月22日	クラッシャー・リソワスキー(79)	脳腫瘍	晩年は、股関節および膝関節の置換手術、心臓のバイパス手術など、複数の手術を受けていた。
11月13日	エディ・ゲレロ(38)	動脈硬化性疾患	日本では2代目ブラックタイガーとしても知られた。大谷晋二郎にスワンダイブ式の攻めを教示した。
2006年			
1月15日	リッキー・ロメロ(74)	糖尿病	85年に急逝したジェイ・ヤングブラッドを含む、レスラー3兄弟の父親。糖尿病による合併症のため死去。
1月15日	エル・テハノ(47)	呼吸不全	新日本、第一次UWF、ユニバーサル、W☆ING、IWA JAPANに来日。実子のテハノ・ジュニアも新日本に参戦。
1月28日	ブラック・キャット(51)	急性心不全	00年代の新日本低迷期はセミリタイア状態。メキシコ選手と電話で交渉中の急性心不全だった。
4月2日	ビクター・キニョネス(46)	不明	長らく腰痛に苦しんでいた。KAIENTAI DOJOにて追悼セレモニーが行われ、TAJIRIなども出席。
5月2日	サム・スティムボート(71)	アルツハイマー病による合併症	リッキー・スティムボートは、彼の甥という触れ込みでデビューした(血縁関係はない)。
5月27日	ブル・ラモス(68)	肩の感染症	アパッチ・インディアンとメキシコ人の混血。馬としゃべれるという変わった特技も。肩からの傷で感染症に。
6月7日	ジョン・テンタ(42)	膀胱ガン	尊敬する天龍の関係から02年より武藤全日本を盛り上げたが、04年には体調不良により引退していた。
6月23日	ルーク・グラハム(66)	心不全	ジェリー、エディ、ルーク、ビリーのグラハム4兄弟の3男だが、血縁関係はない。引退後はタクシー運転手に。
7月16日	ボブ・オートン(76)	心臓発作	息子がボブ・オートン・ジュニア、孫がランディ・オートン。アマレスの下地がある本格派でもあった。
7月16日	ミゲル・ペレス(68)	心臓発作	早朝に自宅でシャワーを浴びている際、心臓発作に。息子もミゲル・ペレス・ジュニアとしてレスラーに。
9月15日	リッキー・ギブソン(53)	心不全	日本でトップロープからのドロップキックを初公開した選手。弟はR&Rエキスプレスのロバート・ギブソン。
10月26日	大木金太郎(77)	心臓発作	95年の東京ドームでの引退式では、鉄柱に頭突きをする場面も。名前を冠した体育館も故郷の居金島にある。
11月1日	ウラカン・ラミレス(80)	心筋梗塞	ルチャ映画『ウラカン・ラミレス』に出演後、同名選手としてデビューと、変わった経歴の持ち主だった。
12月16日	ドン・ジャーディン(66)	白血病	トップロープ上を歩くギミックの始祖。引退後はカナダで洗車場を経営の一方、粘土彫刻家としても活動。

2007年			
1月19日	**クラッシャー・バンバン・ビガロ**(45)	動脈硬化性心血管疾患及び薬物の過剰摂取	火事から子供を救出も大火傷で00年セミリタイア。以降は弁当屋を経営。05年にはバイク事故も。
2月17日	**ザ・グラジエーター**(42)	首吊り自殺	内臓疾患で引退状態にあり、06年より不動産会社に勤務。精神的な不安による首吊り自殺だった。
3月6日	**バッドニュース・アレン**(63)	急性心不全	98年引退。後年はショッピングモールの警備員として働きながら、プロレス中継の解説や若手選手の育成も。
3月10日	**アーニー・ラッド**(68)	結腸ガン	大型黒人ベビーフェイスとして活躍。米ブッシュ大統領(子)と親交があり、晩年は病床を見舞われる姿も。
3月13日	**アーノルド・スコーラン**(82)	不明	元レスラーながら、ボブ・バックランド、アンドレ・ザ・ジャイアントなどのマネージャーとしても辣腕を振るった。
5月7日	**サニー・マイヤース**(83)	不明	海外修行時代の猪木と抗争を繰り広げ、東京プロレスにも協力した、技巧派のベビーフェイス。
5月29日	**ダニー・リンチ**(68)	不明	ローラン・ボックを怒らせるほどのケンカ屋。引退後はレスリング学校を経営しつつ、俳優としても活動。
6月15日	**シェリー・マーテル**(49)	過量投薬	長く腰痛に悩まされていた。日本では天龍と闘ったランディ・サページのマネージャーとして有名。
6月24日	**クリス・ベノワ**(40)	首吊り自殺	妻と子供を殺して首吊り自殺。優等生のイメージとは真逆の惨劇は、慢性的な外傷性脳損傷が原因という見方も。
7月23日	**キラー・トーア・カマタ**(70)	心臓発作	心臓への不安から、87年引退。後年は、趣味のビーズ細工も生かし、ハワイで土産物屋を経営していた。
7月28日	**カール・ゴッチ**(82)	大動脈瘤破裂	日本との深い関係から、東京の回向院に遺骨が分骨された墓がある。好物の赤ワインがよく供えられている。
8月13日	**ブライアン・アダムス**(44)	呼吸不全	ベッドで意識をなくしているところを妻が発見。救急隊員がかけつけるも死去。薬物の過剰摂取が死因とも。
9月10日	**エンリケ・トーレス**(85)	不明	晩年は人工透析を受けながら老人福祉施設に入居。カール・ゴッチ同様、力道山に勝ちを譲らなかったひとり。
2008年			
3月16日	**ゲーリー・ハート**(66)	心臓病	元選手だが、飛行機事故が原因でマネージャーに。カブキやムタをサポートしたが未来日。死後に自伝発売。
6月20日	**ベスティア・サルバヘ**(46)	肝臓疾患	SWSやWARでも活躍したルチャ戦士。メキシコで行われた闘龍門MEXICOにも出場。日本と縁が深かった。

6月21日	グレート草津（66）	多臓器不全	引退後は湯沸かし器製造会社の営業職に。前年に食道ガンで入院し、その後、転移が見つかった。
7月30日	アルフォンソ・ダンテス（67）	不明	期待され、新日本が招聘したが幻となったルチャドール。全日本参戦時にはジャベ等、飛ばないルチャを披露。
8月30日	キラー・コワルスキー（81）	心臓発作	77年に引退も何回かスポット復帰。晩年はレスリングスクールを経営し、トリプルＨ、チャイナなどを輩出。
10月26日	S・D・ジョーンズ（63）	脳卒中	S・Dはスペシャル・デリバリー（速達）の略。キングコング・バンディに9秒で負けるなど、名脇役ぶりも。
2009年			
3月13日	テスト（33）	薬物の過剰摂取	死因は、麻薬に分類される鎮痛剤オキシコドンの過剰摂取。パンチドランカーの症状にも悩まされていた。
3月22日	スティーブ・ドール（43）	肺血栓	レックス・キングとのサザン・ロッカーズが有名。06年に腸を手術し、成功したが、その約3年後に死去。
3月22日	アビスモ・ネグロ（37）	溺死	みちのくプロレス主催『第3回スーパーＪカップ』にも特別参戦。朝、川で行方不明になり、昼に遺体で発見。
4月28日	バディ・ローズ（56）	自然死	試合巧者で、晩年はプロレス学校を経営していたが、糖尿病を患ったあと、自宅で死去。
5月28日	ジョン・トロス（78）	腎不全	猪木がＵＮヘビー級王座を奪取した相手であり、86年の猪木vsレオン・スピンクス戦の立会人も務めた。
6月13日	三沢光晴（46）	頸髄離断	宗派が浄土真宗のため戒名にあたる法名は「釋慈晴」。棺を持ったのは小橋、田上、歴代の付き人らだった。
6月15日	テッド・タナベ（46）	急性心筋梗塞	大阪プロレスでのレフェリングの最中に倒れた。給食施設で働きながら、土日にレフェリングを行っていた。
7月5日	ワルドー・フォン・エリック（75）	不明	〝鉄の爪〟フリッツ・フォン・エリックの実弟という触れ込みだったが、血縁関係はない。
8月27日	ショータ・チョチョシビリ（59）	白血病	選手を退いてからはグルジア（現・ジョージア）共和国のスポーツ界の要職やグルジア共和国大統領補佐官を歴任した。
10月14日	ルー・アルバーノ（76）	心臓発作	元選手ながらマネージャーとして大成。自認する悪相とゲップの連発などでインパクト大。憎めぬ人気を得た。
12月4日	ジャマール（36）	心臓発作	09年6月、ドラッグ検査に引っかかり、施設でのリハビリを拒否したため、ＷＷＥを解雇されていた。
12月29日	スティーブ・ウィリアムス（49）	咽頭ガン	04年に声帯を全摘出。発声用の機器で会話はでき、旧知のジョニー・エースの依頼でＷＷＥのコーチも。

2010年

1月8日	トニー・ホーム(47)	ピストル自殺	故国フィンランドの議員にまでなったが、薬物と飲酒の問題を抱え続け、不法所持の拳銃により自殺。
1月16日	柴田勝久(66)	心筋梗塞	実家で突然倒れ、急いで向かった実子の勝頼は、母からのその死を告げるメールに新幹線の通路で泣き崩れた。
2月1日	ジャック・ブリスコ(68)	開胸手術後の合併症	晩年は自動車修理工場を経営。循環器に疾患を抱え、開胸手術成功後、リハビリ中での死だった。
3月20日	マイケル・シクルナ(80)	膵臓ガン	幻の技、マルタ式バックブリーカーの使い手。日本、国際、全日本、新日本の4団体に参戦している。
4月2日	クリス・キャニオン(40)	薬物過剰摂取による自殺	自宅アパートで死去。双極性障害に悩まされており、坑うつ薬の空ビン、家族への謝罪のメモが遺されていた。
4月14日	ジン・キニスキー(81)	ガン	00年の三冠王座争奪戦の立会人が最後の来日に。前年には馬場の引退試合(セレモニー)にも参戦。
4月21日	ミスター・ヒト(67)	左化膿性股関節炎	晩年はカナダに移住。06年の馳の引退試合には来日。正式には糖尿病の悪化による左化膿性股関節炎で死去。
5月3日	キンジ渋谷(88)	老衰	日系アメリカ人だが、自宅に錦鯉を飼うなど日本を愛しており、葬儀も仏式で行われた。
5月24日	ラッシャー木村(68)	誤嚥性肺炎	引退直後に脳梗塞で倒れ、新宿区の都営アパートが終の住処に。弔辞はアニマル浜口が読んだ。
6月18日	トレント・アシッド(29)	薬物の過剰摂取	ＣＺＷ軍として大日本プロレスと抗争。10年に同団体への復帰が予定されていたが健康上の理由で実現せず。
8月13日	ランス・ケイド(30)	心不全	ハッスルにも上がり、10年の5月にはＶＭ軍の一員として全日本にも登場していた。
8月19日	スカンドル・アクバ(75)	前立腺ガン	元選手だが70年代後半からはマネージャー業に。若手時代のスティーブ・オースチンや武藤敬司も担当した。
8月27日	ルナ・バション(48)	薬物の過剰摂取	父親がブッチャー・バションで伯父がマッドドッグ・バションの女子レスラー。引退後はレッカー車運転手に。
8月27日	アントン・ヘーシンク(76)	不明	東京五輪柔道金メダリストも全日本入団後は飛躍できず。日本との関係の深さから勲三等瑞宝章を受章。
8月28日	山本小鉄(68)	低酸素性脳症	逝去直後の後楽園ホール大会の試合後、サザンオールスターズの「旅姿六人衆」が流れ、悼まれた。
9月11日	マイク・ショー(53)	心臓発作	84年の『最強タッグ』のタイガー・ジェット・シンのパートナーで有名。様々なキャラを使い分けた。

9月12日	ラ・フィエラ(49)	刺殺	何者かによって数カ所を刺され、病院へ搬送も死去。2代目タイガーマスク(三沢光晴)のデビュー戦の相手。
9月22日	エル・ヒガンテ(44)	糖尿病	96年、坐骨神経痛のため引退して故国アルゼンチンに帰国。晩年は糖尿病を患い、車椅子生活だった。
10月6日	愚乱・浪花(33)	心筋梗塞	数年前から都内の企業で正社員として就労。最後の試合は4月29日のＫＡＩＥＮＴＡＩ ＤＯＪＯだった。
10月30日	エドワード・カーペンティア(84)	心不全	体操選手の下地を生かした〝マットの魔術師〟。無名時代のアンドレ・ザ・ジャイアントも世話した。
11月8日	ジョー樋口(81)	肺腺ガン	97年のレフェリー引退式では、その日、巴戦で2試合を闘い終えた三沢がねぎらいを。のちにノアの監査役に。
11月24日	駿河海(90)	腸閉塞	初代日本ジュニア・ヘビー級王者。元力士だったのを力道山が口説いてプロレス入りさせた。人格者だった。
11月25日	星野勘太郎(67)	肺炎	前年2月に都内で倒れ搬送され、脳梗塞と診断。リハビリに励んでいた。最後の試合は08年12月の外道戦。
12月4日	キング・イヤウケア(73)	不明	ブルーザー・ブロディにも影響を与えた〝ハワイの巨象〟。引退後はワイキキで貸しボート業を営んだ。
2011年			
3月23日	猪木快守(72)	胃ガン	猪木の実兄で、スポーツ平和党の4代目党首も。晩年は世界五大宗教統一のため奔走した。
5月20日	ランディ・サベージ(58)	交通事故	フロリダで運転中、心臓発作でコントロールを失い木に衝突。直後に搬送も帰らぬ人に。
11月10日	キラー・カール・コックス(80)	心臓発作	持病の心臓疾患と腰痛の悪化のため82年に引退。その後は刑務所の看守に転じていた。
11月22日	バイソン・スミス(38)	心不全	死の2日前までノアのグローバル・リーグ戦に参戦。三沢光晴最後の対戦相手でもあり、試合中の合体攻撃での負傷が三沢の死の遠因となった。
12月21日	上田馬之助(71)	誤嚥による窒息	96年に交通事故で車椅子生活となるも、人前に出る時は髪を金色に染めるのを忘れなかった。
2012年			
1月12日	ＭＳ１(55)	交通事故	宇宙人をモチーフにしたマスクマンで、雑誌の企画から生まれた。ＭＳ２もいる。第一次ＵＷＦにも来日。
3月2日	ダグ・ファーナス(50)	動脈硬化	自宅にて就寝中に死去。死因は動脈硬化と高血圧性心疾患で、パーキンソン病との闘病も続けていた。

4月3日	チーフ・ジェイ・ストロンボー(83)	不明	ワフー・マクダニエルと並ぶインディアン・レスラーのトップ。信条は、「入場と退場が最も大切なムーブ」。
5月3日	竹内宏介(65)	腸閉塞	『週刊ゴング』を立ち上げた編集人。亡くなる数年前、駅の改札で突然倒れ、意識不明状態に。闘病を続けていた。
5月26日	ハンス・シュミット(87)	不明	シュミット流バックブリーカーの使い手。気性が荒く、観客を暴動寸前までヒートさせることも。
7月12日	ダラ・シン(83)	心臓発作	さながらインドの力道山かエル・サントとされる英雄。実力派なのはもちろん、長身で男前だった。
8月11日	レッド・バスチェン(81)	アルツハイマー	引退後はFMWにも選手を派遣。OB会「カリフラワー・アレイ・クラブ」の会長も長年にわたり務めた。
9月1日	菊池孝(79)	誤嚥性肺炎	馬場、猪木のデビュー戦も観ているプロレス評論家。最後の取材は7月1日の新日本&全日本40周年興行だった。
9月30日	ボビー・ジャガーズ(64)	C型肝炎	カウボーイ・ギミックの悪役。チャンピオン・カーニバルで馬場からリングアウト勝ちも。晩年は土木技師に。
10月18日	ブレイン・ダメージ(34)	自殺	コンバット・ゾーン・レスリングとIWAミッドサウスを主戦場にデスマッチを極めた。
11月1日	ブラッド・アームストロング(51)	不明	90年代前半、新日本の常連に。父、兄、弟2人もレスラーである。死因は急性心筋梗塞説がある。
11月29日	バディー・ロバーツ(65)	肺炎	タッグの名手として知られ、「ハリウッドブロンズ」やゴディ&ヘイズの「フリーバーズ」のメンバーだった。
12月17日	ゴールド・ネルソン(82)	肺炎	ドリー・ファンク・シニアが余興のレスリングで突然死した時の相手。シューターとして高評されていた。
12月28日	ビル・ドロモ(75)	不明	口の悪さで有名で、とくに馬場は嫌っており、日プロ、新日本、国際への来日はあるが、全日本はなかった。
12月28日	エミリオ・チャレス・ジュニア(56)	腎不全	96年の『ベスト・オブ・ザ・スーパージュニア』にも参戦の実力派。常にしかめっ面で周囲を心配させた。
2013年			
2月20日	サイクロン・ネグロ(80)	不明	覆面のカリプス・ハリケーンとしてもお馴染み。最後の来日は第一次UWFだった。引退後は溶接工に。
3月5日	ポール・ベアラー(58)	心臓発作	国際来日時、怪しげな風貌から税関で止められた。アンダーテイカーのマネージャー転身で大成功。
3月29日	リード・フレアー(25)	薬物の過剰摂取	リック・フレアーの息子。全日本参戦時は武藤とタッグも。ヘロインに加え精神安定剤、向精神薬の過剰摂取が死因であることが明らかになった。

6月24日	ジャッキー・ファーゴ(85)	心不全	"テネシーの帝王"と言われた人気者。70年初来日も、同時に初来日したブッチャーに食われたのが痛かった。
6月28日	マット・ボーン(55)	鎮痛剤の過剰摂取	80年代後半、新日本にたびたび来日。WWF(現・WWE)でピエロキャラのドインク・ザ・クラウンとして脚光。
8月3日	ダッチ・サベージ(78)	脳卒中	日プロ時代の猪木と引き分け。引退後は不動産業に。のちに牧師に転身。教役者として活動。
10月15日	エル・ブラソ(52)	糖尿病	ブラソ3兄弟の末弟。最後の来日は06年、藤波辰爾率いる無我ワールドプロレスリングだった。
10月18日	ユセフ・トルコ(83)	心臓疾患	89年、突然新日本で引退式が行われた。浜田幸一の秘書や栃木のホテルの会長を務めるなど、賑やかだった。
11月21日	マッドドッグ・バション(84)	老衰	レスリングもケンカも一流とされる実力派。87年にひき逃げに遭い右足首から下部を切断も公の場には出席。
2014年			
2月15日	仲田龍(51)	急性心筋梗塞	愛知県内のサービスエリア内駐車場の車の中で死亡しているのが発見された。事件性はないとされる。
2月18日	ビッグ・ダディ(43)	心臓発作	WWEでは世界タッグ王座も。全日本にビッグ・ダディ・ブードゥーの名で来日しアジアタッグを獲得も。
2月27日	ビル・ロビンソン(75)	心不全	晩年、東京の高円寺に住んでいたのは有名。ジャンボ鶴田もその実力を畏怖した数少ないひとり。
4月8日	アルティメット・ウォリアー(54)	心臓発作	WWEの殿堂に迎えられ、大会でファンへの感謝を述べた翌日、ホテルの外で倒れた。妻と散歩中だった。
9月8日	ショーン・オヘア(43)	首吊り自殺	プロレスから総合格闘技に向かい、ボディガードになるも交際女性への暴力で逮捕。新日本で棚橋と対戦も。
9月23日	ドン・マノキャン(80)	心臓発作	引退後は不動産会社を経営。来日時は日本語を覚えるのも早く、相手の口の動きで意味を理解する聡明さも。
10月20日	オックス・ベーカー(80)	心臓発作による合併症	パンチ攻撃で2選手を死亡させている。悪役ならではの風貌で、引退後は映画出演多数。もちろん敵役だった。
10月28日	木村浩一郎(44)	肺炎	初期W☆INGのエース。のちにDDTを主戦場にしたが、男色家で「葬儀に両親も来なかった」とは谷津嘉章談。
10月30日	ボブ・ガイゲル(90)	アルツハイマー	スキンヘッドに全身剛毛のヒールとして活躍。往時のNWAの会長としてもお馴染みだった。

2015年

2月13日	トニー・チャールズ(79)	アルツハイマー	技巧派で初期の国際や新日本に来日したが、82年にはダラスでタイガーマスクと同じ覆面を被り闘う事件も。
2月14日	ウィレム・ルスカ(74)	脳出血	01年にヨットで脳出血を起こし、処置の遅れで言語障害とマヒが残り、以降は車椅子生活だった。
3月21日	ペロ・アグアヨ・ジュニア(35)	頸椎損傷	試合中、場外落下の際にエプロンの角で後頸部を強打し頸椎を損傷し死去。当初は気絶と思われたという。
4月27日	バーン・ガニア(89)	アルツハイマー	晩年は養護施設内で殺人を犯したという疑いもかけられた。その後は娘夫婦と暮らした。
4月28日	阿修羅・原(68)	肺炎	実は石川孝志の東京プロレスから復帰の打診を受けたが「源ちゃん（天龍）を裏切れない」と固辞していた。
6月11日	ダスティー・ローデス(69)	腎不全	04年にはレジェンドとしてハッスル参戦も。05年には自伝発売。晩年はＷＷＥの重役として活動した。
6月22日	バディ・ランデル(53)	交通事故の後遺症	前日、交通事故に遭い、搬送先の病院から一度は自宅に戻るも、死去。偽リック・フレアーとして人気だった。
7月30日	ロディー・パイパー(61)	心臓発作	マイク・パフォーマンスのうまさでトップに登り詰めたＷＷＦのスター。後進に与えた影響は計り知れない。
11月14日	ニック・ボックウィンクル(80)	不明	最後の来日は06年、ＺＥＲＯ１-ＭＡＸでのＡＷＡ王座戦の立会人として。生年に諸説あり、享年も不定。
12月16日	リスマルク(66)	心臓発作	10歳の頃から断崖絶壁から海に飛び込むショーで小遣いを稼いでいた空中殺法の使い手。

2016年

1月17日	アイアン・マイク・シャープ・ジュニア(64)	不明	シャープ兄弟の弟、マイクの息子。後年はレスリング学校を経営。80年代前半の新日本を賑わせた。
1月23日	モンゴリアン・ストンパー(79)	アルツハイマー	55歳を超えても現役だったが、晩年は刑務官に。アルツハイマー病と腰の骨折で、病院で睡眠中に没した。
3月3日	ロード・ブレアース(92)	老衰	元レスラーかつ初代ＰＷＦ会長。レフェリーとして鶴田vsフレアー、ホーガンvsニック戦を裁いたことも。
3月3日	ハヤブサ(47)	くも膜下出血	晩年はライブ活動を行っていた。飯伏幸太が自らの技フェニックス・スプラッシュを使うのを喜んでいた。
4月7日	ブラックジャック・マリガン(73)	心疾患	息子がバリー・ウィンダムで、孫2人もレスラー。心臓発作の持病があり、血栓の治療のため入院していた。

4月20日	チャイナ（46）	アルコールと薬物の過剰摂取	死因はアルコールと精神安定剤、睡眠薬などを同時に過剰摂取したことによる。女子選手ながらジョーニー・ローラーの名で蝶野正洋と東京ドームで対戦した。
6月6日	ダン・ミラー（84）	不明	ビル・ミラーの弟。覆面レスラー、ブルー・シャークとしてザ・デストロイヤーの覆面十番勝負の相手に。
6月15日	ジプシー・ジョー（82）	長期療養後の合併症	11年1月、77歳で引退。現役最高齢説も。13年に痛風により、右足を切断していた。
6月20日	米村天心（69）	不明	国際崩壊後は、ちゃんこ店「やぐら太鼓」を経営しつつ、全日本にスポット参戦していた。
8月28日	ミスター・フジ（82）	老衰	WWWFやWWFタッグ王座を通算5度獲得後はマネージャーに。晩年はトレーニングジムを経営していた。
9月10日	ムース・モロウスキー（81）	不明	鶴田の国内デビューや、マスクマンとして国内初の金網デスマッチに登壇。晩年はボランティア活動も。
10月21日	ピエール・マーチン（69）	膀胱ガン	リック・マーテルの兄。国際や全日本に上がり、フレンチ・マーテルの名で第一次UWF参戦も。
11月28日	永源遙（70）	急性心筋梗塞	戒名は「永勝院遙久慈闘居士」。棺は、坂口、藤波が持った。ノア勢が元新日本勢に気遣った説がある。
12月9日	マリオ・ミラノ（81）	不明	日本、国際、全日本と3団体で暴れまわった。マスクマン「ザ・バラクーダ」としてデストロイヤーと対戦も。

2017年

1月9日	レックス・キング（55）	腎不全	スティーブ・ドールとのサザン・ロッカーズで知られた。小川良成の世界ジュニア王座に挑戦も。
1月15日	ジミー・スヌーカ（73）	胃ガン	15年、交際女性への殺人容疑で逮捕されたが、認知症で、末期の胃ガンでもあり、裁判は続けられなかった。
1月31日	泉田純（51）	心筋梗塞	ノアに関した巨額詐欺にだまされ人生が暗転。関係者への愚痴の長電話の頻発は、察するにあまりあった。
2月10日	ボブ・スウィータン（76）	糖尿病の合併症	ミスター・パイルドライバーの異名を持った古参ラフファイター。後年は第一次UWFで高田延彦を破っている。
2月11日	チャボ・ゲレロ（68）	肝臓ガン	07年には藤波との一騎打ち、16年には大仁田とタッグ結成と、日本マットに健在ぶりを示した。
2月16日	ジョージ・スティール（79）	腎不全	88年、クローン病で引退。俳優となり、ティム・バートン監督の『エド・ウッド』にもレスラー役で出演。
2月18日	イワン・コロフ（74）	肝臓ガン	ロシア系ギミックの第一人者（カナダ生まれ）。引退後はキリスト教徒となり、自叙伝も出版した。

3月7日	ロン・バス(68)	虫垂炎の合併症	全日本参戦時はハンセンと組んで馬場、鶴田からインタータッグを奪取。91年に引退したがスポット復帰も。
4月8日	フィッシュマン(66)	心臓発作	00年8月に覆面剝ぎマッチに敗れ素顔となって引退。11年、初代タイガーマスクと約30年ぶりに対決。
4月10日	桜井康雄(80)	感染症	元東京スポーツ編集長にして『ワールドプロレスリング』解説者。猪木信者ゆえに引退試合を観ずに帰った。
4月10日	ラリー・シャープ(66)	肝臓ガン	選手のかたわら、プロレスラー養成所「モンスター・ファクトリー」を主宰。ビガロ等を育てた。
4月18日	ロージー(47)	心不全	従兄弟のジャマールと入れ替わるように全日本に参戦。ダイエット番組出演のため全日本を離脱。
5月7日	グラン・アパッチェ(58)	大腸ガン	IWA JAPAN、みちのくプロレス、ハッスルなどで来日。快活なメキシカンぶりを見せつけた。
5月16日	ダグ・サマーズ(65)	不明	元AWA世界タッグ王者。全日本に来日し、鶴田や、後年はカブキと対決した。12年引退。
6月8日	ロン・スター(67)	不明	昭和新日本の常連外国人だったが、差別意識が強く、カネックへのリンチ事件も伝えられる。
6月23日	ミスター・ポーゴ(66)	脳梗塞	腰の手術のため全身麻酔の最中、不整脈により血圧が低下し脳梗塞を発症。晩年は福祉活動も。
7月11日	バディ・ウォルフ(76)	認知症	猪木vsモハメッド・アリ戦の約半月前、アリのプロモーション用の相手を務めるも、流血騒動で試合中止。
8月8日	倍賞鉄夫(68)	不明	新日本の元リングアナ、元副社長。長く脳梗塞を患っており、関係者でも会えない状態が続いた。
9月14日	オットー・ワンツ(74)	不明	90年12月のテリー・ファンク戦を最後に引退。母国オーストリアでは英雄。アンドレを投げてもいる。
9月17日	ボビー・ヒーナン(72)	舌ガン	主にハルク・ホーガンのライバルたちのマネージャーとして抗争を盛り上げた。WWFを隆盛に導いた立役者。
10月23日	デビル紫(75)	食道ガン	自衛隊から国際入りし、同団体崩壊後は綜合警備保障に就職。定年まで現金輸送を担当していた。
11月4日	大剛鉄之助(75)	大腸ガン	交通事故で右足切断の大ケガを負い、選手からブッカー、トレーナーへ。天山広吉や大谷晋二郎を鍛えた。
11月5日	ドン荒川(71)	不明	後年は携帯ゲームの会社で営業部長職を務めていたが、1年ほど前から連絡が取れなくなっていた。

2018年

4月4日	ジョニー・バリアント（71）	交通事故	先輩格のジミーとの「バリアント・ブラザーズ」が有名。引退後はコメディ役者に。早朝、横断歩道を渡らずにはねられた。
4月14日	馬場元子（78）	肝硬変	戒名は「顕徳院法栄妙元清大姉」。遺骨は馬場の墓所である明石市の本松寺にともに葬られた。
4月18日	ブルーノ・サンマルチノ（82）	多臓器不全	故郷イタリアには自らの銅像と名前を冠した体育館が。ＷＷＦでの最後の試合はホーガンとのタッグだった。
6月13日	アルカンヘル・デ・ラ・ムエルテ（51）	心不全	ＳＷＳ、ＤＤＴ、全日本に参戦。日本と縁深きルチャ戦士。死の前日、体調不良を訴え試合を休んでいた。
6月18日	ビッグバン・ベイダー（63）	肺炎	18年の3月、5月と心臓手術を受け死の1カ月前からは肺炎で入院していた。16年には余命2年と宣告も。
7月14日	マサ斎藤（75）	パーキンソン病	戒名は妻の意向により「マサ斎藤」。弔辞を述べたのは本人同様アメリカでも名を馳せたカブキと武藤だった。
7月19日	ラヨ・デ・ハリスコ（85）	老衰	トペ・デ・レベルサ（背面プランチャ）の生みの親。89年、マスクをかけた試合に敗れ、年内に引退。
7月29日	ニコライ・ボルコフ（70）	心臓病	脱水症状を発症して治療入院。退院後に死去。ロシア系ギミックの選手とされるが母は本当にロシア人だった。
8月13日	ジム・ナイドハート（63）	アルツハイマー	日本では『第2回Ｇ1 ＣＬＩＭＡＸ』に参加も。ハート一家として知られるスチュ・ハートの長女の夫。
8月21日	ビジャノ3号（66）	脳梗塞	初代タイガーマスクとも対戦。マスク剥ぎ戦で58連勝も00年にアトランティスに負け、素顔に。
9月1日	ネイト・ヘイトリッド（不明）	交通事故	01年、ＣＺＷ軍として大日本に登場。黒いペイントの怪奇派として活躍。生年不明のため享年不明。
9月4日	李王杓（64）	胆嚢ガン	大木金太郎の弟子で、韓国プロレス連盟の会長も務め、同国のプロレスを盛り上げた。
9月9日	フランク・アンダーソン（62）	心臓病の手術後の合併症	スウェーデン出身でロス五輪アマレス銅メダル。91年にプロデビューし新日本にも参戦。
10月8日	輪島大士（70）	咽頭ガン及び肺ガンによる衰弱	夫人によれば、都内の自宅で「ソファーでテレビを観ながら、眠るように座ったまま亡くなった」という。
10月13日	ドン・レオ・ジョナサン（87）	不明	１９６センチ、１４０キロながらトンボを切り、コーナー最上段の相手にドロップキックも。時代が早すぎた。
10月18日	ディック・スレーター（67）	心臓病	96年に背骨を傷め引退。その後は小売業者に。特集号が出るなど、日本での人気は高かった。

11月6日	ホセ・ロザリオ(83)	不明	メキシコ出身の技巧派。マスカラスとのコンビが有名。引退後はショーン・マイケルズ等を育成。
12月5日	ダイナマイト・キッド(60)	不明	晩年はほかのレスラーとの接触を拒み、2年前に英国を訪れた藤波も対面を試みたが、実現しなかった。
12月6日	ラリー・ヘニング(82)	腎不全	引退後は不動産会社を経営。息子のカート・ヘニング、孫のジョー・ヘニングもレスラー。
12月12日	ジャック・デ・ラサルテス(90)	不明	国際に来日。58歳でのちのビッグバン・ベイダーと引き分けるほど元気だった。
12月19日	ラウル・マタ(71)	不明	メキシコ出身の技巧派で、カール・ゴッチにも師事。第一次UWFにも呼ばれ、前田と一騎打ちも。

2019年

1月5日	アレックス・スミルノフ(71)	腎不全	88年に引退後はプロバスケットチームの広報業務や、パブの経営、俳優業も。
2月1日	レス・ソントン(84)	不明	91年の引退後はカルガリーでジムを運営。若手選手の指導・育成に携わっていた。
2月10日	北尾光司(55)	慢性腎不全	晩年は糖尿病の影響で目が見えなかったとされる。妻と、美人と評判の一人娘により密葬された。
2月12日	ペドロ・モラレス(76)	パーキンソン病	87年に引退。85年、新日本に「X」と予告され特別参加したのが最後の来日だった。
3月4日	キングコング・バンディ(61)	不明	猪木とのボディスラムマッチで同技を決めた(試合は負け)。「投げにくい体型」という山本小鉄評が秀逸。
3月7日	ザ・デストロイヤー(88)	老衰	NHKでもその死が報じられ、献血車の中で出会ったファンの述懐も放送された。
3月10日	ウォーリー山口(60)	脳梗塞	ライターから各種マネージャー業をこなし、インディー団体「世界のプロレス」も主宰した。
3月18日	ロジャー・カービー(79)	膵臓ガン	元NWA世界ジュニアヘビー級王者。2月に腰の骨折で入院し、膵臓ガンと肺炎への罹患が発覚していた。
4月22日	ビッグ・ジョン・クイン(78)	脳卒中の手術後の合併症	引退後はトラック運転手に。07年の自身のトリビュート・イベントへの出席が最後の公の場に。
5月5日	ワイルド・セブン(未公表)	ガン	初代ザ・シューターとして知られ、W☆INGの旗揚げでは力王として参加予定だった。大仁田厚も惜別した。
5月11日	シルバー・キング(51)	心筋梗塞	ロンドンでのフベントゥ・ゲレーラとの試合中に倒れ死去。3代目ブラックタイガーの正体としても知られた。

証言「プロレス」死の真相

2019年6月20日　初版印刷
2019年6月30日　初版発行

著　者　アントニオ猪木＋前田日明＋川田利明＋丸藤正道 ほか
発行者　小野寺優
発行所　株式会社河出書房新社
〒151-0051
東京都渋谷区千駄ヶ谷2-32-2
電話03-3404-1201（営業）
03-3404-8611（編集）
http://www.kawade.co.jp/
印刷・製本　株式会社暁印刷

Printed in Japan
ISBN978-4-309-29033-1

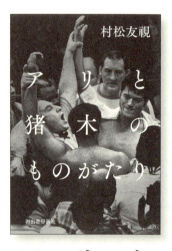

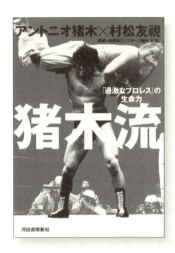